昆仑信托
KUNLUN TRUST CO.,LTD.
信誉无价
托付有道
以信兴企、广利天下。昆仑信托忠实履行受托人责任，服务社会，造福民生，依法维护受益人合法利益，经营质量和经济效益稳步提高，行业地位稳步提升。
新征程，展新颜、筑新梦。昆仑信托新一届党委领导班子在习近平新时代中国特色社会主义思想指引下，团结带领公司干部员工坚守产业金融定位，始终坚持“低风险偏好”风控理念，回归信托本源，服务实体经济，在“十四五”及今后一个时期锚定“建设与集团公司行业地位相匹配的一流财富管理机构”的总体目标，明确从现在起到2035年和本世纪中叶的“两个阶段、各三步走”的战略路径，坚持“专业化、规模化、数字化、规范化”的四个战略原则，回报社会、回报股东、惠及员工，为中国石油建设世界一流综合性国际能源公司贡献信托力量。
2021
2021
地址：北京市西城区金融大街1号石油金融大厦B座
邮编：100033
地址：浙江省宁波市鄞州区民安东路268号宁波国际金融服务中心北区E座28－31层
邮编：315042
理财咨询电话：北京010－63597777/63597666
宁波0574－87031714/87031730
昆仑信托公众号
昆仑信托金融理财中心服务号

2021 年中国信托公司经营蓝皮书

清华大学法学院金融与法律研究中心　编著

战略合作伙伴：中航信托股份有限公司

中国经济出版社
CHINA ECONOMIC PUBLISHING HOUSE
北 京

图书在版编目（CIP）数据

2021年中国信托公司经营蓝皮书/清华大学法学院金融与法律研究中心编著. --北京：中国经济出版社，2021.9

ISBN 978-7-5136-6603-9

Ⅰ.①2… Ⅱ.①清… Ⅲ.①信托公司-经营管理-研究报告-中国-2021 Ⅳ.①F832.39

中国版本图书馆CIP数据核字（2021）第174112号

责任编辑 严 莉
责任印制 巢新强
封面设计 任燕飞装帧设计室

出版发行 中国经济出版社
印 刷 者 北京建宏印刷有限公司
经 销 者 各地新华书店
开 本 787mm×1092mm 1/16
印 张 13.75 **彩页印张** 0.25
字 数 262千字
版 次 2021年9月第1版
印 次 2021年9月第1次
定 价 198.00元
广告经营许可证 京西工商广字第8179号

中国经济出版社 **网址** www.economyph.com **社址** 北京市东城区安定门外大街58号 **邮编** 100011
本版图书如存在印装质量问题，请与本社销售中心联系调换（联系电话：010-57512564）

前　言

截至2021年4月30日，受各类突发事件和风险事件以及监管要求影响，68家信托公司中62家按照规定时间披露了年度报告，且绝大部分实现盈利。信托公司2020年的经营业绩依然骄人，信托业务结构加速转型，信托业管理的信托资产规模有序回落，全行业信托资产管理规模仍保持在20万亿元左右，在百年不遇的国际国内大变局环境下保持了平稳发展。

2020年，新冠肺炎疫情突然暴发，并在全球范围内蔓延，在国际经济环境更趋严峻、国内宏观经济仍然徘徊于下降通道、增速持续放缓的同时，行业监管环境更趋严峻，房地产信托规模总量控制，非标融资类信托业务刚性压降，信托公司面临空前的挑战和竞争压力。信托业作为仅次于银行业的第二大金融行业，受宏观经济下行压力等诸多因素影响，2020年全年，信托全行业营业收入总规模和全行业利润增幅均呈现回落趋缓的态势，个别指标较上一年出现负增长，甚至出现数家公司经营亏损的情况。信托业必须转型创新，走内涵式、精细化、高科技的发展道路已成为行业共识。《信托公司资金信托管理办法》（征求意见稿）2020年5月已经推出，其他多项信托监管新政亦在酝酿之中，监管部门不断搭建出与时俱进的监管框架，为未来信托业实现健康持续发展铺平了道路。

面对2020年以来泛资管市场和监管部门密集出台的系列监管新政，以及变化多端的新常态市场环境，信托公司经受住了全面的考验，信托业整体大盘仍然基本稳定，增长幅度进入稳定期，核心指标实现平稳增长。就信托公司的整体经营而言，综合业绩仍然骄人。

本报告是清华大学法学院金融与法律研究中心精心打造的系列报告，迄今已经连续出版了17部。2021年的报告，在总结前16部经验的基础上，进一步改进和提升了实证分析模型和研究分析的方法和手段。强调横向分析与纵向比较相结合，通过财务状况实证分析、经营成果实证分析、盈利能力与收益水平分析、经营效率与经营质量以及风险分析等多个方面几十个具体指标进行了系统、全面、深入、规范、客观、真实的归纳、汇总、概括、提炼、分类、排序和分析。报告突出运用实证分析的方法，客观公正地反映了当前我国信托公司较为完整的概貌，力求为各信托公司和广大投资者以及监管部门提供一部系统全面、客观真实的研究报告和数据体系。

本报告对进一步加深社会各界和投资者对信托业的了解，全面提升信托公司整体形象，促进各信托公司之间的了解和交流、相互借鉴、取长补短，都是一部不可多得的重要学术研究报告和业务参考书。

本报告所引用数据严格依据各信托公司年报所公开披露的资料，或在披露数据基础上加以计算。本报告对各公司所披露年报中数据资料的真实性、口径方法的适用性及内容指标的完整性原则上不做主观评判。报告采集数据原则以银监会规定的信息披露截止日2021年4月30日为最后期限。

本报告力求全面、真实、准确反映行业全貌，但由于本报告时效性极强，编纂时间紧张，所涉及数据十分庞杂繁复，在数据采集过程中难免有疏漏之处，故所有原始数据最终均以各信托公司公布的年报及年报摘要原文为准。

在本报告的编纂过程中，得到了中国银保监会信托监管部、中国信托业协会、中航信托有限责任公司、昆仑信托有限责任公司、国投泰康信托有限责任公司以及中国经济出版社毛增余主编、严莉编辑的大力支持，在此一并表示衷心的感谢。

清华大学法学院金融与法律研究中心

2021年7月

目　录

第一章　行业纵览

截至2021年5月底，我国共有62家信托公司披露了其2020年年度财务报告。由于疫情等不可抗力的影响，信托公司年报披露时间与以前年度相比稍显滞后。从2020年信托行业的财报数据来看，受到宏观经济下行、金融监管政策收紧等多重因素的影响，信托公司普遍对其经营战略和方向进行了一定的调整，更加注重业务发展的“质”而非“量”。一是在“降规模”政策的影响之下，信托公司普遍降低了信托资产规模，新增信托项目的数量与规模也普遍下降。二是相比于2019年，2020年信托行业信托收入均值有所提高，这表明信托公司普遍提升了自身的资产盈利水平。三是信托资产的盈利能力呈现非对称性的变动趋势：集合类信托项目的收益率普遍提升，而单一类信托项目收益率有所下降。

一、2020年资本实力行业纵览

2014—2020年信托行业注册资本变动趋势如图1－1所示。2020年底，信托行业注册资本总额为2770.94亿元，同比下降0.34%；注册资本均值为44.69亿元，同比增长6.08%。值得注意的是，之所以出现信托行业注册资本总额下降而均值上升的现象，主要是由于2020年部分信托公司尚未披露财务报告。从总体趋势来看，一方面，2020年信

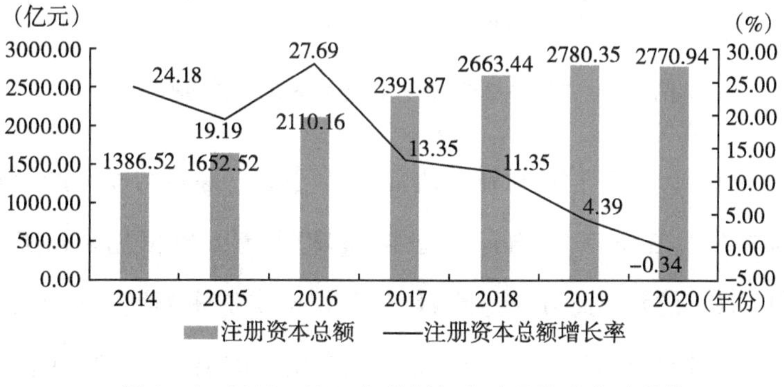

图1－1　2014—2020年信托行业注册资本变动趋势

托公司资本实力仍然保持增长态势;另一方面,受到内外部环境因素的冲击,2020 年注册资本增长速度相比于 2019 年有所下滑。

信托行业 2020 年自营资产变动情况如图 1－2 所示。2020 年信托行业自营资产规模总额为 7777.64 亿元,相比于 2019 年增长 5.35%。信托公司平均自营资产规模为 125.45 亿元,相比于 2019 年增长 10.45%。

信托行业 2020 年净资产变动情况如图 1－3 所示。2020 年信托行业净资产规模总额为 6283.27 亿元,同比增长 3.39%。信托公司平均净资产规模为 101.34 亿元,同比增长 8.40%。

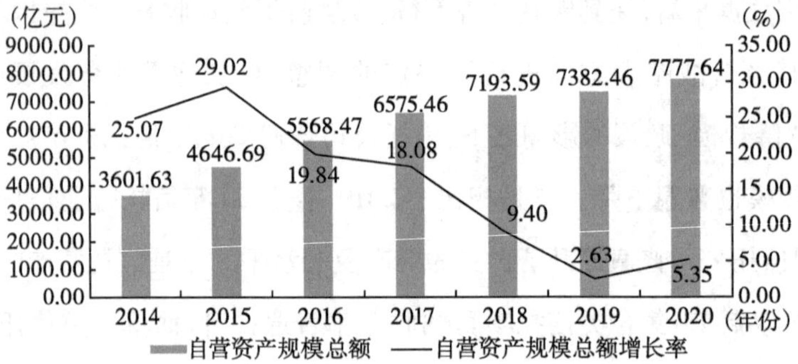

图 1－2　2014—2020 年信托行业自营资产变动趋势

图 1－3　2014—2020 年信托行业净资产变动趋势

从行业内部来看,2020 年信托行业注册资本、自营资产总额与净资产均有所上升,表明信托公司的资本实力在 2020 年均有所增强。2020 年有 8 家信托公司实现增资,合计增加注册资本 191.95 亿元。此外,行业内领先公司资本扩张程度显著高于行业平均水平。如表 1－1 所示,2020 年注册资本排名前 10 信托公司均值为 112.73 亿元,增长率为 8.29%;自营资产规模排名前 10 信托公司均值为 277.80 亿元,增长率为 11.00%;净资产规模排名前 10 信托公司均值为 234.49 亿元,增长率为 9.42%。由此可见,行业内领先公司无论是资本规模还是增长幅度均显著高于行业平均水平。预期在未来一段时间内,信托行业资本实力异质性还将进一步增强。

表 1-1 2020 年领先公司与行业均值资本实力对比分析

项目	注册资本		自营资产规模		净资产规模	
	金额(亿元)	同比(%)	金额(亿元)	同比(%)	金额(亿元)	同比(%)
前 10 均值	112.73	8.29	277.8	11.00	234.49	9.42
行业均值	44.69	6.08	125.45	10.45	101.34	8.40

综上所述,2020 年信托行业资本实力具有三个显著特征:首先,2020 年信托公司资本实力增强的态势没有发生变化,但三大指标的增速呈现非对称性。2020 年自营资产规模的增速显著高于 2019 年,而注册资本与净资产规模在 2020 年的增速则有所放缓。其次,信托行业净资产的增长速度低于自营资产总额的增长速度,表明 2020 年信托公司在增强资本实力的同时也在进行资本结构调整,部分信托公司通过增加财务杠杆的方式来寻求规模扩张。最后,在信托行业资本实力普遍增强的情况下,公司间个体差异有所扩大。对于各个信托公司而言,如何适应内外部环境的变化,以及保持自身的资本实力与竞争能力,成为未来一段时间内影响其发展的关键因素。

二、2020 年信托资产规模行业纵览

2014—2020 年信托行业平均信托资产变动趋势如图 1-4 所示。2020 年信托资产规模整体有所下降,平均信托资产规模为 3177.19 亿元,相比于 2019 年下降 1.02%。值得一提的是,2009—2014 年,平均信托资产规模以 30% 左右的速度迅速增长。从 2015 年开始,平均信托资产规模进入波动区间。该指标在 2015 年大幅下跌后,2016 年与 2017 年持续增长。2018 年至 2020 年,信托资产规模已经连续 3 年处于下行区间。相对而言,相比于 2019 年 3.93% 的下降幅度,2020 年信托资产规模收缩的趋势已经有所放缓。

2020 年信托行业信托资产增速分布如表 1-2 所示。其中,公布该数据的 62 家信托公司中,有 20 家信托资产相比于 2019 年有所上升,有 42 家信托资产相比于 2019 年有所下降。也就是说,在 2020 年,有将近 67.74% 的信托公司信托资产规模出现下降。增长 10% 以内和下降 10% ~30% 的信托公司数量最高,分别达到 10 家与 27 家。信托资产规模增长的信托公司中,有 4 家增长幅度达到 30% 以上,而信托资产规模下降的信托公司

图 1-4 2014—2020 年信托行业平均信托资产变动趋势

中,有6家下降幅度超过30%。由此可见,信托公司在2020年普遍减少了信托资产规模,并且其负向调整程度要高于正向调整。

表 1-2　2020 年信托行业信托资产增速分布

增速分布	公司数量(家)	占比(%)
增长30%以上	4	6.45
增长10%~30%	6	9.68
增长10%以内	10	16.13
下降10%以内	9	14.52
下降10%~30%	27	43.55
下降30%以上	6	9.68
合计	62	100.00

表1-3为2020年新增信托资产规模分析。如表1-3所示,2020年无论是新增信托资产规模还是信托资产规模总额,相比于2019年均有所下降。显然,在监管部门"降规模"的总体政策驱动之下,信托公司在2020年普遍降低了信托资产规模。其中,新增集合信托规模由2019年的4.37亿元降至2020年的3.50亿元,占比也从2019年的53.62%降至2020年的50.14%。值得注意的是,集合信托的投资比重虽然有所降低,但是集合信托项目的收益率在2020年却有所提升。新增单一信托规模由2019年的1.81亿元降至2020年的1.42亿元,占比也从2019年的22.21%降至2020年的20.34%,出现了较为明显的下滑。新增财产权信托则由2019年的1.97亿元上升至2020年的2.06亿元,占比也由2019年的24.17%上升至2020年的29.51%。可以看出,2020年在集合类信托与财产类信托新增规模均有所降低的同时,只有财产权新增信托资产规模有所增长,成为2020年信托公司新增信托资产配置的重点。

表 1 – 3　　2020 年新增信托资产规模分析

项目	2020 年		2019 年	
	规模(亿元)	占比(%)	规模(亿元)	占比(%)
集合	3.50	50.14	4.37	53.62
单一	1.42	20.34	1.81	22.21
财产权	2.06	29.51	1.97	24.17
合计	6.98	100.00	8.15	100.00

三、2020 年业务结构行业纵览

2020 年信托行业主动管理信托比重提高。表 1 – 4 列示了 2020 年信托行业主动管理类信托资产规模与占比变化情况。2020 年披露相关数据的 60 家信托公司中,有 18 家主动管理信托资产规模占比超过 80%,而 2019 年仅有 5 家公司达到了上述标准。2020 年主动管理信托资产规模占比在 50% ~80% 的公司数为 24 家,明显高于 2019 年的 17 家。2020 年主动管理信托资产规模占比在 10% 以下的公司数总计为 4 家,与 2019 年基本持平。以上数据表明,信托公司在 2020 年的经营过程中更加注重自身主动管理能力的提升,信托行业的转型趋势逐步显现。

表 1 – 4　　2020 年信托行业主动管理类信托资产规模与占比分析

项目	2020 年		2019 年	
	公司数量(家)	占比(%)	公司数量(家)	占比(%)
占比 80% 以上	18	30.00	5	7.81
占比 50% ~80%	24	40.00	17	26.56
占比 30% ~50%	8	13.33	24	37.50
占比 10% ~30%	6	10.00	15	23.44
占比 10% 以下	4	6.67	3	4.69
合计	60	100.00	64	100.00

四、2020 年盈利能力行业纵览

图 1 – 5 列示了 2014—2020 年信托行业平均信托收入变动情况。2014 年信托行业平均信托收入为 1673290 万元。2015 年开始,信托行业信托收入进入波动区间,呈现上升与下降交替出现的局面。2018 年信托行业平均实现信托收入 1624831 万元,2019 年增长至 2217505 万元,同比增长 36.48%。2020 年信托行业平均实现信托收入 2327407 万

元,同比增长4.96%。由此可见,2020年信托收入水平维持了2019年的增长趋势,但增速相比于2019年有了较大幅度的下降。

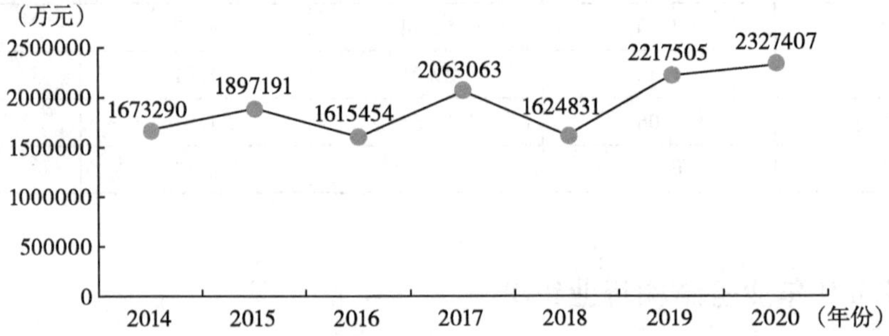

图1-5 2014—2020年信托行业平均信托收入变动轨迹

图1-6列示了2014—2020年信托行业平均资本利润率变动情况。作为衡量信托公司盈利能力的主要指标,资本利润率主要反映企业所有者剩余权益的获利水平。2009年以来,以2012年为拐点,信托公司的资本利润率经历了两个阶段的波动,2009—2012年小幅持续上涨,2012—2019年持续小幅下降,直至2019年的9.55%。2020年该指标进一步下降至8.68%。由此可见,信托行业单位资本盈利能力弱化的现象在2020年没有得到根本转变。

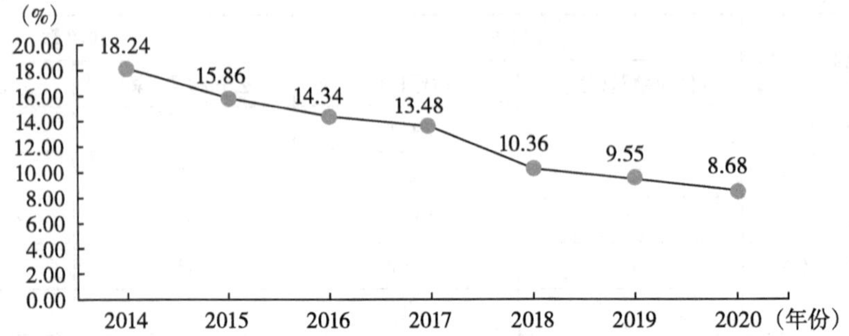

图1-6 2014—2020年信托行业平均资本利润率的变动轨迹

图1-7列示了2014—2020年信托行业平均信托报酬率变动情况。2014—2017年,各信托公司平均信托报酬率在1%左右波动,最低值为2017年的0.62%,最高值为2014年的0.75%。2019年平均信托报酬率相比于2018年有所增加,达到0.56%,2020年该指标与2019年持平。经历了2018年0.52%的最低值后,该指标在2019年与2020年虽有小幅回升,但平均信托报酬率持续下行的趋势没有得到根本逆转。信托公司如何在收入增长的同时提高自身的盈利能力,仍是未来一段时间需要解决的重要问题。

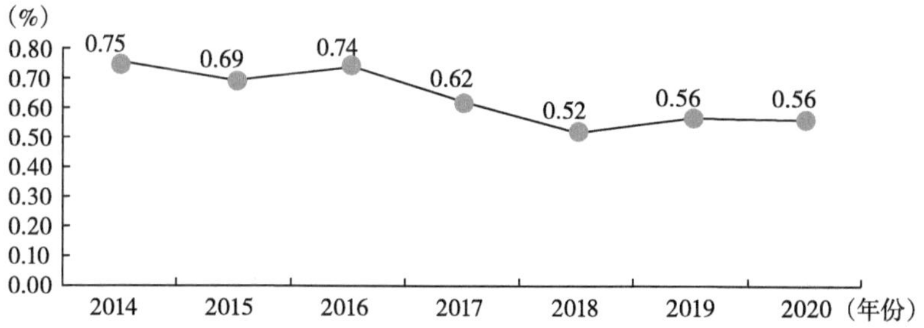

图 1－7 2014—2020 年信托行业平均信托报酬率的变动轨迹

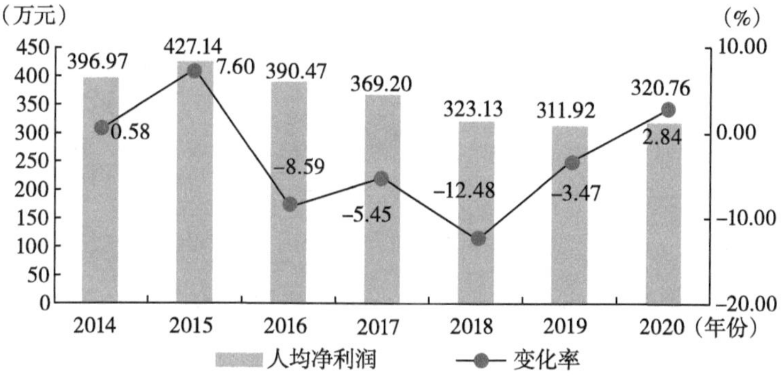

图 1－8 2014—2020 年信托行业人均净利润的变动轨迹

图 1－8 列示了 2014—2020 年信托行业人均净利润变动情况。2013—2015 年，各信托公司人均净利润持续小幅增长。由于受到国际金融危机的影响，2008 年信托公司人均净利润大幅下跌。2016 年人均净利润出现了近 8 年以来第二次大幅下跌。值得注意的是，2015 年各信托公司人均净利润达到 427. 14 万元的历史最高值，2016 年在 2015 年的基础上出现大幅下跌，人均净利润已经恢复到 4 年前的水平。2017 年与 2018 年，人均净利润分别下降至 369. 20 万元和 323. 13 万元，持续下降的态势尚未得到改善。2019 年信托行业人均净利润为 311. 92 万元，2020 年该指标小幅上升至 320. 76 万元。一方面，信托行业人均净利润指标出现了上升；另一方面，自 2016 年开始人均净利润指标下行的趋势得到了扭转。

第二章　主要财务指标分析

财务指标是考察信托公司整体业绩表现的衡量标准。信托行业的财务考核指标主要包括资本利润率、信托报酬率和人均净利润。

第一节 资本利润率

从截至2021年5月31日(以下统计时间口径相同)获得的2020年的年报披露情况来看,除安信信托、陕西国信、雪松国信、四川信托、华融国信、新时代、新华信托和华信信托8家公司以外,其余60家公司均披露了资本利润率这一指标。

资本利润率的主要统计数据如表2-1所示。作为反映信托公司盈利能力的重要指标,2020年全行业平均资本利润率由2019年的9.55%下降至8.68%,比2019年小幅下降0.87个百分点,平均资本利润率已经连续5年持续下滑。资本利润率的下降,主要是信托公司注册资本的增加使得资本增长幅度远大于净利润增长幅度。从行业整体情况来看,在这60家公司中,共有20家的资本利润率在10%以上,占比33.33%。其中,超过20%的信托公司有1家,占比1.67%。综观信托行业整体情况,2020年各信托公司资本利润率标准差为5.25%,相比2019年各公司资本利润率离散程度有所下降,该指标近几年基本维持集中的态势。

从表2-2中信托公司资本利润率排名来看,光大兴陇2020年资本利润率达20.58%,虽然其资本利润率较2019年有所下降,但仍成为本年度资本利润率最高的信托公司。2019年排名第2的万向信托2020年的资本利润率虽然也有所下降,但仍以19.44%的资本利润率保持行业第2名。

表2-1　　2016—2020年信托公司资本利润率统计分析

项目	2016年	2017年	2018年	2019年	2020年
平均值(%)	14.34	13.48	10.51	9.55	8.68
平均值增长(%)	-1.52	-0.86	-3.12	-0.95	-0.87
公司数目(家)	65	64	66	64	60
最大值(%)	28.70	30.96	30.92	22.37	20.58
最小值(%)	0.80	0.80	-11.03	-5.88	-8.95
标准差(%)	6.01	5.54	6.20	5.48	5.25
变异系数	0.42	0.41	0.59	0.57	0.60

2020年资本利润率表现比较优异的信托公司前5名分别为:光大兴陇(20.58%)、万向信托(19.44%)、陆家嘴信托(18.89%)、华能贵诚(17.57%)和五矿信托(17.47%)。而2019年资本利润率表现比较优异的信托公司前5名分别为:长城新盛(22.37%)、万向信托(21.24%)、光大兴陇(21.11%)、国联信托(18.41%)以及爱建信托(17.77%)。与2019年相比,前5名公司的组成有较大的变化。从行业整体来看,资本利润率水平也出现了一定的下滑趋势。与此同时,2013年资本利润率在15%~30%的公司为42家,2014年则为34家,2015年又增至37家,2016年为28家,2017年为24家,2018年为11家,2019年为10家,2020年为6家。由此可见,自2016年起,在信托行业整体资本利润率不断下滑的同时,行业中的中坚阵营的数量也出现了持续下降。

从表2-3显示的信托公司资本利润率增幅来看,2020年资本利润率增幅排名前5的信托公司为华宸信托(8.12%)、陆家嘴信托(6.52%)、财信信托(5.81%)、中粮信托(3.72%)和华澳信托(2.07%)。

信托公司资本利润率是净利润与平均资本的比率,因此公司净利润与注册资本规模的变化均会对资本利润率产生影响。信托公司通过增资或者股权资产出售等方式获取大规模资金后,通过有效的资产管理,可以使业绩得到大幅提升。

表2-2　　信托公司资本利润率序列表(2020年)　　(%)

序号	公司简称	2020年	2019年	2018年
1	光大兴陇	20.58	21.11	15.96
2	万向信托	19.44	21.24	18.82
3	陆家嘴信托	18.89	12.37	9.92
4	华能贵诚	17.57	16.42	17.62

续表

序号	公司简称	2020 年	2019 年	2018 年
5	五矿信托	17.47	16.01	14.49
6	爱建信托	15.38	17.77	20.30
7	中航信托	14.82	15.76	17.16
8	工商信托	13.89	14.70	14.57
9	国投泰康	13.57	15.13	11.81
10	紫金信托	13.53	13.49	12.01
11	粤财信托	13.15	12.42	11.43
12	英大信托	12.92	11.13	8.15
13	平安信托	12.43	12.05	14.23
14	华鑫信托	12.29	10.30	10.83
15	华润信托	11.67	13.81	11.22
16	百瑞信托	11.52	12.52	13.66
17	厦门国信	11.08	10.56	9.90
18	中铁信托	10.66	9.48	16.11
19	北京国信	10.43	10.11	9.64
20	云南国信	10.04	14.29	11.97
21	上海国信	9.85	10.45	10.32
22	华澳信托	9.77	7.70	11.34
23	苏州信托	9.57	10.04	8.95
24	交银国信	9.57	9.80	10.02
25	重庆国信	9.56	11.57	12.93
26	昆仑信托	9.29	7.64	7.69
27	财信信托	9.24	3.43	13.90
28	江苏国信	9.09	12.64	未披露
29	东莞信托	9.05	9.03	11.04
30	西藏信托	8.92	16.31	12.26
31	国联信托	8.58	18.41	4.16
32	天津信托	8.45	10.64	12.05
33	华宝信托	8.37	9.03	12.65
34	建信信托	8.19	11.62	15.18
35	国民信托	7.78	7.13	4.76
36	西部信托	7.76	6.95	6.43
37	外贸信托	7.74	11.82	18.07
38	国元信托	7.31	6.36	5.65
39	国通信托	7.20	未披露	12.47

续表

序号	公司简称	2020 年	2019 年	2018 年
40	长安国信	6.88	7.00	5.32
41	中信信托	6.76	12.61	15.69
42	兴业信托	6.74	7.50	6.91
43	中粮信托	6.64	2.92	1.08
44	中融信托	6.56	8.79	11.48
45	中建投信托	6.33	11.28	13.05
46	北方国信	6.16	5.43	9.71
47	山东国信	5.90	6.90	9.30
48	中诚信托	5.39	5.61	6.78
49	大业信托	5.04	5.64	8.58
50	浙商金汇	4.78	4.93	7.75
51	中海信托	4.75	11.72	28.92
52	中泰信托	4.66	2.91	3.36
53	中原信托	3.51	4.81	5.02
54	金谷信托	2.81	1.30	4.38
55	华宸信托	2.24	-5.88	-11.03
56	山西信托	0.95	1.59	0.57
57	吉林信托	0.81	5.37	10.10
58	渤海信托	0.13	8.87	8.62
59	民生信托	-3.65	8.49	10.46
60	长城新盛	-8.95	22.37	30.92
61	安信信托	未披露	未披露	未披露
62	陕西国信	未披露	未披露	未披露
63	雪松国信	未披露	未披露	0.96
64	四川信托	未披露	6.72	10.27
65	华融国信	未披露	2.47	12.74
66	新时代	未披露	1.75	4.51
67	新华信托	未披露	0.26	0.98
68	华信信托	未披露	-1.22	6.83

表 2-3　信托公司资本利润率增长序列表(2020 年)　(%)

序号	公司简称	2020 年	2019 年	2018 年
1	华宸信托	8.12	5.15	-15.28
2	陆家嘴信托	6.52	2.45	-2.42
3	财信信托	5.81	-10.47	-9.66

续表

序号	公司简称	2020 年	2019 年	2018 年
4	中粮信托	3.72	1.84	-10.63
5	华澳信托	2.07	-3.64	-4.61
6	华鑫信托	1.99	-0.53	-7.46
7	英大信托	1.79	2.98	-2.28
8	中泰信托	1.75	-0.45	-2.48
9	昆仑信托	1.65	-0.05	-1.69
10	金谷信托	1.51	-3.08	-11.46
11	五矿信托	1.46	1.52	2.84
12	中铁信托	1.18	-6.63	-4.37
13	华能贵诚	1.15	-1.20	0.51
14	国元信托	0.95	0.71	-2.04
15	西部信托	0.81	0.52	0.98
16	粤财信托	0.73	0.99	-7.31
17	北方国信	0.73	-4.28	-0.51
18	国民信托	0.65	2.37	0.03
19	厦门国信	0.52	0.66	-6.05
20	平安信托	0.38	-2.18	-2.60
21	北京国信	0.32	0.47	-2.97
22	紫金信托	0.04	1.48	-7.47
23	东莞信托	0.02	-2.01	0.93
24	长安国信	-0.12	1.68	-10.29
25	浙商金汇	-0.15	-2.82	-10.99
26	中诚信托	-0.22	-1.17	-1.29
27	交银国信	-0.23	-0.22	-1.42
28	苏州信托	-0.47	1.09	-2.76
29	光大兴陇	-0.53	5.15	5.00
30	上海国信	-0.60	0.13	-3.28
31	大业信托	-0.60	-2.94	-2.38
32	山西信托	-0.64	1.02	-0.0358
33	华宝信托	-0.66	-3.62	-0.70
34	兴业信托	-0.76	0.59	-3.53
35	工商信托	-0.81	0.13	-2.32
36	中航信托	-0.94	-1.40	0.33
37	百瑞信托	-1.00	-1.14	-2.15
38	山东国信	-1.00	-2.40	-4.10

续表

序号	公司简称	2020年	2019年	2018年
39	中原信托	-1.30	-0.21	-4.89
40	国投泰康	-1.56	3.32	-2.14
41	万向信托	-1.80	2.42	0.08
42	重庆国信	-2.01	-1.36	-4.20
43	华润信托	-2.14	2.59	-1.73
44	天津信托	-2.19	-1.41	-0.38
45	中融信托	-2.23	-2.69	-6.81
46	爱建信托	-2.39	-2.53	6.70
47	建信信托	-3.43	-3.56	-0.68
48	江苏国信	-3.55	未披露	未披露
49	外贸信托	-4.08	-6.25	-1.41
50	云南国信	-4.25	2.32	0.73
51	吉林信托	-4.56	-4.73	-5.74
52	中建投信托	-4.95	-1.77	-3.09
53	中信信托	-5.85	-3.08	4.04
54	中海信托	-6.97	-17.20	11.81
55	西藏信托	-7.39	4.05	-10.45
56	渤海信托	-8.74	0.25	-4.98
57	国联信托	-9.83	14.25	-1.27
58	民生信托	-12.14	-1.97	-1.97
59	长城新盛	-31.32	-8.55	15.70
60	安信信托	未披露	未披露	未披露
61	陕西国信	未披露	未披露	未披露
62	雪松国信	未披露	未披露	0.96
63	国通信托	未披露	未披露	未披露
64	四川信托	未披露	未披露	6.12
65	新华信托	未披露	-0.72	-0.87
66	新时代	未披露	-2.76	-2.65
67	华信信托	未披露	-8.05	-1.45
68	华融国信	未披露	-10.27	-2.48

第二节 信托报酬率

信托报酬是受托人通过管理和运作信托财产而获取的报酬。按照《信托投资公司信息披露管理暂行办法》,信托业务报酬率的计算是以信托业务收入除以实收信托平均余额,这一指标所反映的是信托公司在信托业务中所获得的报酬。实际运作中,信托公司在对信托资产的管理中,主动管理能力强,作用发挥得大,取得的报酬一般就会较高。反之,如果信托公司在信托业务中并没有进行主动管理,所起到的作用小,信托报酬率就会偏低。

从2020年的年报披露情况来看,有49家信托公司公布了信托报酬率,相较于2019年,减少了华信信托、新华信托和新时代,增加了国通信托。2020年信托行业平均信托报酬率为0.56%,与2019年持平。

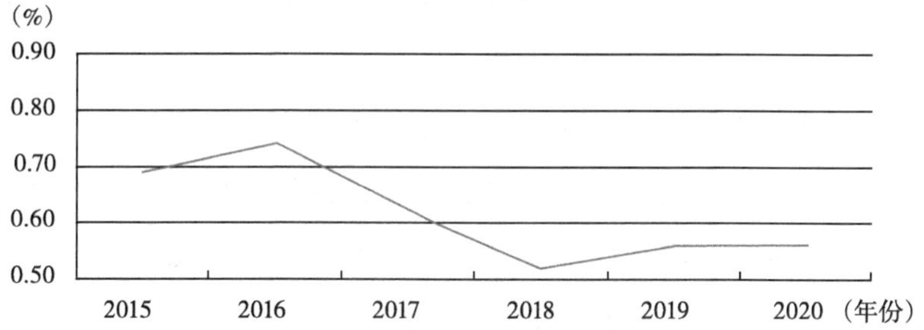

图2-1 2015—2020年信托公司平均信托报酬率趋势

由图2-1可以看出,信托行业的平均信托报酬率自2016年开始进入下行通道,2017年明显下降,2018年延续了2017年的下降态势,2019年虽有所反弹,但幅度很小,2020年与2019年持平。

在统计的49家信托公司中,有27家公司报酬率指标下降,18家上升。随着资管行业竞争加剧,信托公司传统业务的盈利空间逐步收窄。

从信托报酬率分布的离散程度来看,2020年信托报酬率分布的标准差为0.40%,比2019年的0.50%有所下降(见表2-4)。2020年全行业信托报酬率的差距呈现进一步缩小的趋势。在样本公司中,大部分公司(43家)的信托报酬率水平低于1.00%。其中,有28家公司(占披露公司数量的57.1%)的信托报酬率低于0.50%。具体数据见表2-5、表2-6。

表2-4　　2016—2020年信托公司信托报酬率的统计分析

项目	2016年	2017年	2018年	2019年	2020年
平均值(%)	0.75	0.62	0.52	0.56	0.56
平均值增长幅度(%)	0.05	-0.13	-0.10	0.04	0.00
公司数目(家)	53	52	53	51	49
最大值(%)	3.16	3.63	2.33	2.51	2.48
最小值(%)	0.14	0.10	0.10	0.10	0.10
标准差(%)	0.60	0.63	0.45	0.50	0.40
变异系数	0.80	1.02	0.86	0.88	0.72

在披露2020年信托报酬率指标的49家信托公司中，下滑比例最大的是东莞信托，其2020年信托报酬率同比下降了1.16个百分点。其次是百瑞信托，同比下降了0.44个百分点。中小信托公司清算项目数量较少，单一项目报酬率对公司整体报酬率指标的影响较大，因此中小信托公司报酬率指标波动比大型公司会更加明显。有研究人员表示，主动管理资产占比较高的信托公司受经营环境影响相对较小。预计行业两极分化的趋势会加大。

从信托报酬率排名来看，2020年信托报酬率表现比较优异的信托公司前5名分别为：工商信托(2.48%)、长城新盛(1.44%)、爱建信托(1.29%)、东莞信托(1.06%)、重庆国信(1.00%)与苏州信托(1.00%)。

表2-5　　信托报酬率序列表(2020年)　　(%)

序号	公司简称	2020年	2019年	2018年
1	工商信托	2.48	2.51	1.71
2	长城新盛	1.44	1.49	1.66
3	爱建信托	1.29	1.10	0.61
4	东莞信托	1.06	2.22	2.33
5	重庆国信	1.00	1.01	1.03
6	苏州信托	1.00	0.55	0.55
7	国联信托	0.98	0.66	0.73
8	紫金信托	0.92	0.71	0.47
9	民生信托	0.80	0.81	1.09
10	浙商金汇	0.78	0.74	0.46
11	大业信托	0.73	0.63	0.49
12	五矿信托	0.67	0.54	0.48
13	中航信托	0.66	0.72	0.59

续表

序号	公司简称	2020 年	2019 年	2018 年
14	平安信托	0.63	0.50	0.45
15	北京国信	0.60	0.60	0.28
16	光大兴陇	0.58	0.66	0.47
17	国投泰康	0.58	0.54	0.32
18	长安国信	0.55	0.42	0.34
19	国通信托	0.54	未披露	0.40
20	陆家嘴信托	0.54	0.58	0.55
21	百瑞信托	0.53	0.97	1.01
22	山西信托	0.49	0.51	0.33
23	江苏国信	0.49	0.41	未披露
24	华鑫信托	0.46	0.38	0.25
25	陕西国信	0.46	0.31	0.25
26	华澳信托	0.44	0.28	0.44
27	中泰信托	0.43	0.72	0.49
28	兴业信托	0.42	0.39	0.26
29	昆仑信托	0.42	0.32	0.27
30	外贸信托	0.40	0.40	0.51
31	渤海信托	0.40	0.38	0.35
32	华宸信托	0.40	0.37	1.08
33	厦门国信	0.38	0.33	0.30
34	英大信托	0.34	0.34	0.34
35	中原信托	0.32	0.38	0.42
36	云南国信	0.32	0.33	0.22
37	金谷信托	0.32	0.24	0.26
38	中铁信托	0.29	0.26	0.49
39	交银国信	0.29	0.20	0.17
40	上海国信	0.28	0.27	0.24
41	国民信托	0.27	0.22	0.21
42	西藏信托	0.27	0.20	0.13
43	北方国信	0.24	0.20	0.18
44	西部信托	0.24	0.21	0.20
45	建信信托	0.24	0.10	0.10
46	天津信托	0.20	0.21	0.25
47	安信信托	0.14	0.26	0.65
48	吉林信托	0.11	0.22	0.24

续表

序号	公司简称	2020年	2019年	2018年
49	国元信托	0.10	0.13	0.17
50	中诚信托	未披露	未披露	未披露
51	中海信托	未披露	未披露	未披露
52	中融信托	未披露	未披露	未披露
53	中信信托	未披露	未披露	未披露
54	华融国信	未披露	未披露	0.29
55	粤财信托	未披露	未披露	未披露
56	财信信托	未披露	未披露	未披露
57	华宝信托	未披露	未披露	未披露
58	山东国信	未披露	未披露	未披露
59	华润信托	未披露	未披露	未披露
60	雪松国信	未披露	未披露	0.52
61	中建投信托	未披露	未披露	未披露
62	华能贵诚	未披露	未披露	未披露
63	四川信托	未披露	未披露	未披露
64	中粮信托	未披露	未披露	未披露
65	万向信托	未披露	未披露	未披露
66	华信信托	未披露	1.89	1.52
67	新华信托	未披露	0.22	0.31
68	新时代	未披露	0.10	0.13

表2-6　信托报酬率增长序列表(2020年)　(%)

序号	公司简称	2020年	2019年	2018年
1	苏州信托	0.45	0.00	-0.35
2	国联信托	0.32	-0.07	0.20
3	紫金信托	0.21	0.24	-0.38
4	爱建信托	0.19	0.49	0.33
5	华澳信托	0.16	-0.16	0.21
6	陕西国信	0.15	0.06	-0.03
7	建信信托	0.14	0.00	0.00
8	长安国信	0.13	0.08	-0.06
9	五矿信托	0.13	0.06	0.06
10	平安信托	0.13	0.05	-0.05
11	大业信托	0.10	0.14	0.02
12	昆仑信托	0.10	0.05	-0.13

续表

序号	公司简称	2020 年	2019 年	2018 年
13	交银国信	0.09	0.03	-0.05
14	金谷信托	0.08	-0.02	-0.21
15	华鑫信托	0.08	0.13	0.02
16	江苏国信	0.08	未披露	未披露
17	西藏信托	0.07	0.07	0.00
18	厦门国信	0.05	0.03	0.04
19	国民信托	0.05	0.01	-0.30
20	北方国信	0.04	0.02	0.01
21	浙商金汇	0.04	0.28	0.10
22	国投泰康	0.04	0.22	0.07
23	兴业信托	0.03	0.13	0.08
24	西部信托	0.03	0.01	-0.02
25	中铁信托	0.03	-0.23	-0.04
26	华宸信托	0.03	-0.71	0.27
27	渤海信托	0.02	0.03	0.07
28	上海国信	0.01	0.02	-0.04
29	北京国信	0.00	0.32	-0.13
30	英大信托	0.00	0.00	0.02
31	外贸信托	0.00	-0.11	0.03
32	重庆国信	-0.01	-0.02	-0.17
33	民生信托	-0.01	-0.28	-0.08
34	云南国信	-0.01	0.11	0.01
35	天津信托	-0.01	-0.04	-0.16
36	山西信托	-0.02	0.18	-0.10
37	国元信托	-0.03	-0.04	-0.02
38	工商信托	-0.03	0.80	-1.02
39	陆家嘴信托	-0.04	0.03	-0.18
40	长城新盛	-0.05	-0.17	0.23
41	中航信托	-0.06	0.13	0.00
42	中原信托	-0.06	-0.04	-0.28
43	光大兴陇	-0.08	0.19	0.20
44	吉林信托	-0.11	-0.02	0.24
45	安信信托	-0.12	-0.39	-1.27
46	中泰信托	-0.29	0.23	-0.16
47	百瑞信托	-0.44	-0.04	0.22

续表

序号	公司简称	2020 年	2019 年	2018 年
48	东莞信托	-1.16	-0.10	-1.30
49	中诚信托	未披露	未披露	未披露
50	中海信托	未披露	未披露	未披露
51	中融信托	未披露	未披露	未披露
52	中信信托	未披露	未披露	未披露
53	华融国信	未披露	未披露	0.16
54	粤财信托	未披露	未披露	未披露
55	财信信托	未披露	未披露	未披露
56	华宝信托	未披露	未披露	未披露
57	山东国信	未披露	未披露	未披露
58	华润信托	未披露	未披露	未披露
59	雪松国信	未披露	未披露	-0.12
60	中建投信托	未披露	未披露	未披露
61	华能贵诚	未披露	未披露	未披露
62	国通信托	未披露	未披露	0.05
63	四川信托	未披露	未披露	未披露
64	中粮信托	未披露	未披露	未披露
65	万向信托	未披露	未披露	未披露
66	华信信托	未披露	0.37	0.25
67	新时代	未披露	-0.03	-0.19
68	新华信托	未披露	-0.09	-0.12

第三节　人均净利润

从2020年的年报披露情况看，有59家信托公司公布了人均净利润，与2019年相比，增加了国通信托，减少了华融国信、四川信托、新时代、新华信托和华信信托。

2020年，信托行业人均净利润为320.76万元，比2019年上升近9万元。自2016年人均净利润指标出现下降，至2019年已经连续4年呈下降态势，2020年开始小幅上升。

从人均净利润的统计分析来看，人均净利润超过1000万元的为重庆国信和华能贵诚，这两家信托公司的人均净利润分别达到1364.34万元和1022.89万元。其他公司人均净利润均没有超过1000万元。表2-7显示了2016—2020年信托公司人均净利润相关的统计指标。

表 2-7　　2016—2020 年信托公司人均净利润的统计分析

项目	2016 年	2017 年	2018 年	2019 年	2020 年
平均值(万元)	390.47	369.20	323.13	311.92	320.76
平均值增长幅度(万元)	-36.67	-21.27	-46.07	-11.21	8.84
平均值增长率(%)	-8.59	-5.45	-12.48	-0.03	2.84
公司数目(家)	64	64	64	63	59
最大值(万元)	2519.74	2295.53	1711.21	1760.48	1364.34
最小值(万元)	22.17	36.14	-149.05	-98.99	-115.54
标准差(万元)	365.68	325.61	287.61	320.66	263.94
变异系数	0.94	0.88	0.89	1.03	0.82

从表 2-8 中信托行业人均净利润排名来看,2020 年人均净利润表现比较优异的信托公司前 5 名分别为:重庆国信(1364.34 万元)、华能贵诚(1022.89 万元)、江苏国信(943.76 万元)、华润信托(716.71 万元)和英大信托(657.66 万元)。由图 2-2 可知,2015 年实现人均净利润 150 万元以上的公司达到了 54 家,2017 年与 2016 年持平,都保持在 53 家,2018 年则下降为 49 家,2019 年下降至 44 家,2020 年下降至 41 家。

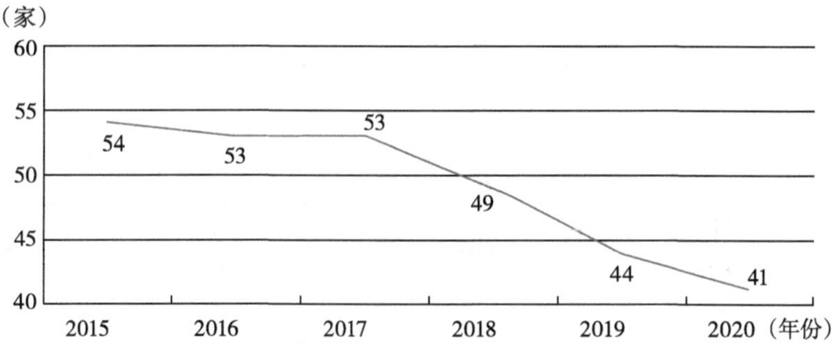

图 2-2　2015—2020 年人均净利润 150 万元以上公司数

从表 2-9 显示的信托行业人均净利润增幅来看,2020 年人均净利润增幅排名前 5 的公司分别为财信信托(增长 165.04%)、中粮信托(增长 112.95%)、金谷信托(增长 102.07%)、中泰信托(增长 93.82%)、陆家嘴信托(增长 65.25%)。人均净利润降幅最大的公司是长城新盛,降幅达 -147.35%。由此可见,行业内部分公司的人均净利润指标的年差异性较大。

相比 2019 年,2020 年信托公司人均净利润增幅前 5 名平均上涨 107.82%,行业增幅平均下降 2.40%。2020 年,在宏观经济受到新冠肺炎疫情严重影响下,行业平均盈利水平整体下滑。

表2-8　　信托行业人均净利润序列表(2020年)　　单位:万元

序号	公司简称	2020年	2019年	2018年
1	重庆国信	1364.34	1760.48	1711.21
2	华能贵诚	1022.89	870.55	699.94
3	江苏国信	943.76	1448.22	1280.97
4	华润信托	716.71	767.73	581.66
5	英大信托	657.66	577.93	373.03
6	渤海信托	649.00	434.19	414.10
7	五矿信托	602.13	518.71	585.88
8	中航信托	579.75	605.97	604.38
9	国联信托	565.52	1115.33	244.24
10	百瑞信托	542.47	572.16	486.29
11	平安信托	538.82	627.58	564.31
12	交银国信	518.46	492.61	478.44
13	粤财信托	496.60	470.78	458.33
14	昆仑信托	459.09	357.89	380.56
15	国投泰康	449.97	392.87	294.80
16	建信信托	399.59	470.93	481.22
17	华鑫信托	397.76	337.25	318.51
18	西藏信托	396.30	486.74	263.05
19	上海国信	382.43	379.83	337.99
20	中铁信托	361.00	325.00	557.00
21	国元信托	332.76	265.30	232.31
22	财信信托	326.00	123.00	562.00
23	陆家嘴信托	316.61	191.60	146.21
24	外贸信托	309.97	424.54	555.65
25	天津信托	305.97	363.62	381.82
26	紫金信托	305.32	258.32	234.36
27	光大兴陇	295.08	289.37	279.86
28	工商信托	289.00	299.00	282.00
29	浙商金汇	287.94	266.41	未披露
30	中诚信托	286.28	286.19	343.11
31	北京国信	285.00	272.00	260.00
32	苏州信托	275.62	270.18	232.33
33	中信信托	273.25	478.66	540.31
34	厦门国信	260.19	237.94	208.90
35	华宝信托	241.02	232.70	283.69

续表

序号	公司简称	2020 年	2019 年	2018 年
36	中泰信托	232.25	119.83	94.83
37	中融信托	229.32	228.19	113.12
38	爱建信托	224.22	265.64	326.11
39	兴业信托	208.18	209.28	184.95
40	华澳信托	191.20	142.08	229.48
41	万向信托	168.21	182.33	167.38
42	东莞信托	141.23	178.22	240.46
43	中海信托	140.85	362.34	830.25
44	中建投信托	130.52	213.59	220.55
45	国通信托	124.57	未披露	192.84
46	中原信托	121.60	164.69	160.81
47	西部信托	118.97	103.24	118.97
48	北方国信	109.77	87.35	176.61
49	云南国信	106.00	126.00	101.00
50	中粮信托	97.02	45.56	20.56
51	国民信托	92.22	79.49	49.29
52	金谷信托	69.35	34.32	116.11
53	大业信托	60.93	68.42	97.68
54	长安国信	58.62	65.39	53.09
55	华宸信托	22.52	-69.58	-149.05
56	吉林信托	19.41	134.69	280.57
57	山西信托	7.39	12.75	4.71
58	民生信托	-68.02	173.19	262.64
59	长城新盛	-115.54	244.03	239.21
60	安信信托	未披露	未披露	未披露
61	陕西国信	未披露	未披露	未披露
62	山东国信	未披露	未披露	未披露
63	雪松国信	未披露	未披露	27.03
64	华融国信	未披露	130.26	14.61
65	四川信托	未披露	68.33	99.88
66	新时代	未披露	60.10	158.51
67	新华信托	未披露	10.29	36.32
68	华信信托	未披露	-98.99	481.66

表2-9　　信托行业人均净利润增幅序列表(2020年)　　(%)

序号	公司简称	2020年	2019年	2018年
1	财信信托	165.04	-78.11	-4.42
2	中粮信托	112.95	121.60	-65.08
3	金谷信托	102.07	-70.44	-70.93
4	中泰信托	93.82	26.36	-23.20
5	陆家嘴信托	65.25	31.04	-10.27
6	渤海信托	49.47	4.85	-19.88
7	华澳信托	34.57	-38.09	15.65
8	昆仑信托	28.28	-5.96	20.44
9	北方国信	25.67	-50.54	-26.95
10	国元信托	25.43	14.20	-23.69
11	紫金信托	18.19	10.22	-1.16
12	华鑫信托	17.94	5.88	-0.37
13	华能贵诚	17.50	24.37	17.89
14	五矿信托	16.08	-11.46	21.67
15	国民信托	16.01	61.27	5.61
16	西部信托	15.24	-13.22	-24.42
17	国投泰康	14.53	33.27	51.65
18	英大信托	13.80	54.93	-3.20
19	中铁信托	11.08	-41.65	-15.22
20	厦门国信	9.35	13.90	-31.14
21	浙商金汇	8.08	—	未披露
22	粤财信托	5.48	2.72	-42.71
23	交银国信	5.25	2.96	2.53
24	北京国信	4.78	4.62	-19.00
25	华宝信托	3.58	-17.97	-2.90
26	苏州信托	2.01	16.29	-34.61
27	光大兴陇	1.97	3.40	64.21
28	上海国信	0.68	12.38	-19.10
29	中融信托	0.50	101.72	-21.77
30	中诚信托	0.03	-16.59	-19.98
31	兴业信托	-0.53	13.15	-31.79
32	工商信托	-3.34	6.03	-0.70
33	中航信托	-4.33	0.26	-4.34
34	百瑞信托	-5.19	17.66	-5.62
35	华润信托	-6.65	31.99	-13.52

续表

序号	公司简称	2020 年	2019 年	2018 年
36	万向信托	-7.74	8.93	-32.21
37	长安国信	-10.35	23.17	-64.39
38	大业信托	-10.95	-29.95	-90.88
39	平安信托	-14.14	11.21	23.77
40	建信信托	-15.15	-2.14	4.41
41	爱建信托	-15.59	-18.54	-8.10
42	天津信托	-15.85	-4.77	3.16
43	云南国信	-15.87	24.75	-2.39
44	西藏信托	-18.58	85.04	-48.40
45	东莞信托	-20.76	-25.88	4.16
46	重庆国信	-22.50	2.88	-25.45
47	中原信托	-26.16	2.41	-49.58
48	外贸信托	-26.99	-23.60	8.84
49	江苏国信	-34.83	13.06	-7.37
50	中建投信托	-38.89	-3.16	-11.73
51	山西信托	-42.04	170.70	-86.97
52	中信信托	-42.91	-11.41	21.76
53	国联信托	-49.30	356.65	-31.90
54	中海信托	-61.13	-56.36	86.88
55	吉林信托	-85.59	-51.99	123.51
56	华宸信托	-132.37	-53.32	-357.12
57	民生信托	-139.27	-34.06	-50.32
58	长城新盛	-147.35	2.01	3.47
59	安信信托	未披露	未披露	未披露
60	陕西国信	未披露	未披露	未披露
61	山东国信	未披露	未披露	未披露
62	雪松国信	未披露	未披露	-58.50
63	国通信托	未披露	未披露	-0.10
64	华融国信	未披露	791.58	-94.10
65	四川信托	未披露	-31.59	-69.29
66	新时代	未披露	-62.08	-32.31
67	新华信托	未披露	-71.67	-41.53
68	华信信托	未披露	-120.55	-12.12

第三章 信托资产的分布与运用分析

第一节 信托资产规模分析

一、信托资产规模的整体分析

2020 年,信托行业平均信托资产规模为 31771867 万元,比 2019 年下降了 501517 万元,下降幅度为 1.55%。2014—2017 年,信托公司的信托资产规模连续 3 年实现增长,并且其增速也呈现递增趋势。但是 2018 年随着宏观经济增速放缓以及金融监管机制的不断增强,信托资产规模进入下行区间。2018 年信托行业平均信托资产规模为 33414889 万元,出现了 10.89% 的下滑。2019 年平均信托资产规模为 32273384 万元,同比下降 3.42%。2020 年信托资产规模下降的趋势仍没有得到根本逆转(见表 3-1)。

表 3-1　　2016—2020 年信托公司信托资产规模的统计分析

项目	2016 年	2017 年	2018 年	2019 年	2020 年
平均值(万元)	29758782	38648885	33414889	32273384	31771867
平均值增长幅度(万元)	5708612	8890103	-5233995.6	-1141505	-501518
平均值增长率(%)	23.74	29.87	-10.89	-3.42	-1.55
公司数目(家)	68	68	68	66	62
信托资产缩减的公司数(家)	11	11	52	47	42
最大值(万元)	142488879	198672976	165219704	157415596	152611401
最小值(万元)	971111	396584	219914	213840	80577
标准差(万元)	28279946	35079305	29825848.4	30354435	30922826
变异系数	0.95	0.91	0.89	0.94	0.97

值得注意的是,信托资产规模会对信托行业产生正反两方面的影响:一方面,信托资产的扩张可以在一定程度上增加信托公司的营业收入和利润;另一方面,运作大规模的信托资产会对信托公司的人力、物力、管理能力等提出更高要求。因此,相比于粗放式的信托规模扩张,通过提升信托行业的资本运作能力实现信托行业的精细化发展,是理论界与实务界的共识,同时也是监管机构不断要求压缩信托规模的重要原因。此外,通过统计数据可以发现,2018—2020年,虽然信托资产规模一直呈现下降趋势,但其下降速度却在逐年降低,这表明经过短暂调整,整个行业开始呈现复苏趋势。

在2020年进行了相关信息披露的公司中,有42家公司缩减了信托资产规模。虽然与2017年仅有11家信托公司负向调整信托资产的数据相比仍然存在一定差距,但是相比于2019年减少了5家。从公司层面来看,建信信托的信托资产规模由2019年的139123224万元上升至2020年的152611401万元。由于信托资产规模的逆行业性增长,中信信托2020年的信托资产规模为122465895万元,自2018年开始连续3年收缩,其信托资产规模行业第1的地位被取代。从信托资产规模分布的平均程度来看,2020年信托资产规模分布的标准差(30922826万元)与2019年的标准差(30354435万元)相比有了一定程度的上升。与此同时,变异系数在经历了2015—2018年连续4年的持续下行之后,2019年出现拐点,增加至0.94,2020年进一步上升至0.97。这表明经过2018年的不利行业环境后,不同信托公司的调整能力存在一定的差异,导致行业内的金字塔现象更为明显。从中观层面上看,信托行业的信托资产规模均值在2020年出现了1.15%的下降。同时该指标的标准差和变异系数同比也出现了一定幅度的上升。从微观层面上看,行业内信托资产规模的最大值与最小值相比于上一年均有所下降。综上所述,在信托行业严监管和“两压一降”的影响下,信托资产规模下降的特征较为明显;同时,通过信托公司对经营战略和业务模式的积极调整,其下降的速度逐年放缓。不同信托公司的管理能力存在一定的差异,致使行业内的差异性也在不断放大。

二、信托资产规模的公司分析

从信托资产规模排名来看,2020年信托资产规模排名前5的信托公司分别为:建信信托(152611401万元)、中信信托(122465895万元)、光大兴陇(102607617万元)、华润信托(102370363万元)以及华能贵诚(85040020万元)。整体而言,2020年的信托资产排名和2019年相比发生了一些变化。其中,建信信托由2019年的第2名上升至2020年的第1名,而中信信托则由2019年的第1名下降至2020年的第2名,两家公司名次互换。光大兴陇由2019年的第9名上升至2020年的第3名,华能贵诚由2019年的第10名上升至2020年的第5名,两家公司信托资产规模排名均出现了一定程度的提升。华润信托由2019年的第3名小幅下降至2020年的第4名,五矿信托由2019年的第4名下降至2020年的第7名,中融信托则由2019年的第5名下降至2020年的第6名,这3家公司虽然排名出现了一定的下滑,但是下降幅度都不大。2020年信托资产规模达到1000亿元以上的公司达到50家,比2019年减少4家。此外,信托资产达到500亿元以上的公司2016年为59家,2017年增至63家,2018年增至64家,2019年小幅降至62家,2020年进一步降至56家。

从信托资产增长幅度来看,2020年信托资产增长幅度排名前5的信托公司分别为光大兴陇(+27545917万元)、外贸信托(+22936367万元)、英大信托(+17612952万元)、建信信托(+13488177万元)以及华能贵诚(+12535315万元)。与2019年相比,信托资产增长排名前5的信托公司出现了一定的变化。其中,五矿信托由2019年的第1名下降至2020年的第60名,天津信托由2019年的第5名下降至2020年的第14名,这可能表明两家公司正在对其信托资产进行调整。外贸信托由2019年的第30名上升至2020年的第2名,建信信托由2019年的第36名上升至2020年的第4名,华能贵诚由2019年的第29名上升至2020年的第5名,这3家公司在2020年都在大幅增加信托资产。光大兴陇和英大信托的信托资产规模在2019年和2020年均处于前5名,但光大兴陇从2019年的第2名上升至2020年的第1名,英大信托则由2019年的第4名上升至2020年的第3名。

从信托资产规模增长率来看,2020年信托资产规模增长率排名前5的信托公司分别为外贸信托(增长51.45%)、英大信托(增长44.24%)、金谷信托(增长42.58%)、光大兴陇(增长36.70%)和百瑞信托(增长28.80%)。值得注意的是,将2020年信托资产规模增长率排名前5的信托公司与2019年比较,其平均增长率明显高于上一年,这进一步表明信托公司间的差异性更为显著。

从2013年以来信托资产规模各年度的稳定程度来看,最稳定的前3名公司分别是山东国信(变异系数为0.11)、苏州信托(变异系数为0.12)和中融信托(变异系数为0.13)。山东国信自2013年以来一直保持了稳定的信托资产规模,平均值为27142936万元。另外，信托资产规模波动程度最大的前 3 家公司分别是光大兴陇（变异系数为 0.97）、国民信托（变异系数为 0.74）和华宸信托（变异系数为 0.73）。

第二节　信托资产分布分析

一、信托资产分布的行业分析

信托公司的信托资产可以分为基础产业资产、房地产业资产、证券业资产、实业资产和金融机构资产等五大行业类别。2015—2020 年，信托公司信托资产的行业分布特征如图 3－1 所示。

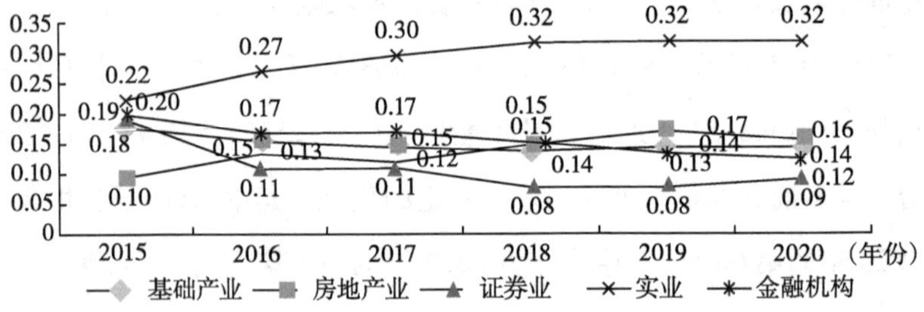

图 3－1　2015—2020 年信托资产的行业占比平均值分布

第一，2012 年以前，信托资产在基础产业的分布比例最大，此后连续 6 年实业资产超过了基础资产，居于资产比例的首位。2020 年，实业资产占比与 2019 年基本持平，保持在 32%，表明信托行业服务实体经济的特性逐步凸显。而基础产业资产在 2012 年以后开始进入下行通道，2018—2020 年连续 3 年基础产业占比均值仅为 14%，相比于 2013 年的 25%，降幅较为明显。第二，信托资产在金融机构和证券市场的分布比例曲线惊人地一致，2011—2015 年占比呈上升趋势，而 2016—2019 年则进入波动状态，经历了下降与上升交替出现的过程。2020 年金融机构资产占比与证券市场资产占比均值分别为 12% 和 9%。第三，房地产业资产的分布占比在近 7 年内基本徘徊在 10% 左右的水平，与其他类型资产相比表现得较为平稳。2020 年，房地产业资产占比为 16%，相比于 2019 年有小幅下降。

通过对上述数据的综合分析可以发现，经历了 2018 年信托公司对原有信托资产配置结构的大幅调整，2019—2020 年信托资产行业分布结构相对稳定。其中，基础产业占比和实业占比 2020 年与 2019 年基本相同,这两类资产占比经过调整后已经较为稳定。金融机构资产 2020 年占比相比于 2019 年降低 1.00%,而证券资产 2020 年占比相比于 2019 年则提高 1%。因此,总体来看,信托行业对于投资类资产的配置规模总体保持稳定,但配置结构有微小调整,使更多的资产配置于证券市场。相比于金融机构资产,证券资产的投资期限通常较长,表明信托行业正在努力提升自身的资产管理能力,更加注重内涵与长远发展。2020 年房地产资产占比相比于 2019 年降低 1%,由于新冠肺炎疫情暴发,房地产市场的交易量及其价格受到了一定的冲击,因此信托公司在进行房地产资产配置时相对更加谨慎。从总体趋势来看,2020 年信托资产的行业分布结构较为稳定,在宏观经济环境不确定性加大、新冠肺炎疫情影响尚未消除的情况下,信托公司对于资产配置的调整呈现较为谨慎与稳健的态势。

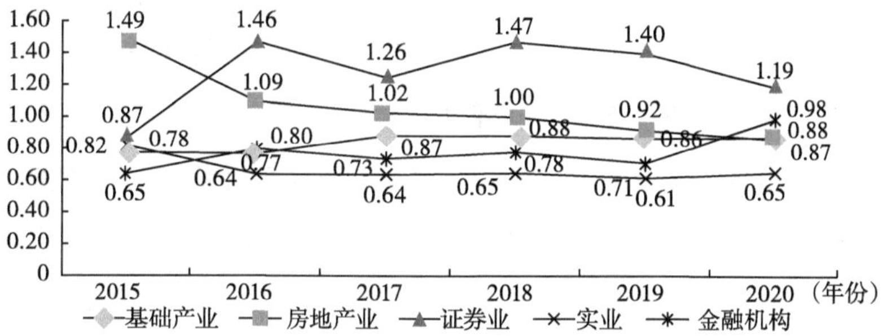

图 3-2 2015—2020 年信托资产行业分布比例的变异系数

图 3-2 描述了 2015—2020 年信托资产的行业构成比例在不同信托公司之间的变异系数。2015 年以前,基础产业资产的变异系数一直比较低,而且相对稳定,一直维持在 0.60 左右。自 2015 年开始,该指标进入上行通道,增长至 0.78,2016 年与 2015 年基本持平,而在 2017 年该指标又大幅上升至 0.87,并进入增长与下降的交替期,2018 年该指标上升至 0.88,2019 年下降至 0.86,2020 年该指标再次上升至 0.88。上述数据表明,由于基础设施投资一度在我国宏观经济增长中扮演重要角色,因此在 2015 年以前,大部分信托公司都将基础产业作为资产配置的重点。2015 年以后,随着基础产业资产占比开始放缓,行业内不同信托公司对于基础产业资产配置的差异也在逐步加大。然而,经历了 2012—2018 年连续 7 年的持续上涨之后,该指标处于相对稳定的状态,表明经过若干年的业务实践以后,信托行业对于基础产业资产的态度开始趋于一致。证券业资产的变异系数波动较大。2014 年至 2019 年,证券业资产变异系数有 4

年都超过了1,相对较高。2015年证券业资产变异系数小幅上升至0.87,2016年增加至1.46,2017年下降至1.26, 2018年反弹至1.47,2019年下降至1.40,2020年该指标进一步下降至1.19。一方面,证券业资产变异系数仍然为5个行业中的最高值,表明信托行业对于该类资产的配置仍存在较大差异;另一方面,证券业资产变异系数连续两年下降,表明在该产业配置上的差异性正在呈现下降趋势。此外,对于实业资产,各信托公司的态度在各年间的变化相对较小。2015年实业资产变异系数为0.82,2016年大幅下降至0.64,并在2017年和2018年基本保持不变,2019年该指标下降至0.61,2020年该指标有所上升,增加至0.65,即经过2019年的下降后恢复至2017—2018年的水平。2013—2015年,房地产业变异系数逐渐加大,2015年达到创纪录的1.49,2016年该指标开始逐步下滑,2016年房地产业变异系数为1.09,相比于2015年出现了大幅度的下降,2017年与2018年分别降至1.02与1.00,2019年该指标进一步降至0.92,首次降至1以下,2020年该指标进一步降至0.87。值得注意的是,2012—2015年,各信托公司对于房地产业资产持有比例的变异系数远远高于其他几种资产形式,而2016—2020年则出现了一定的下降。由于我国的房地产市场受宏观环境和产业政策影响较大,信托公司经过长期的资本运作实践以及对于房地产市场的了解,其决策的趋同性正在不断提升。对于金融机构资产分布比例,2015—2017年,除了2016年变异系数上升外,其余年份均小幅下降。其中,该指标在2015年持续大幅下跌至0.65,2016年则大幅上升至0.80,2017年则又下降至0.73,2018年小幅上升至0.78,2019年重新下降至0.71,2020年上升至0.98。

2015—2020年信托公司信托资产行业分布占比如表3-2所示。

表3-2　2015—2020年信托公司信托资产行业分布占比

项目		2015年	2016年	2017年	2018年	2019年	2020年
披露公司数目(家)		66	67	65	66	66	62
基础产业	规模(万元)	4353447	4954380	5543222	4715148	4760873	4109024
	占比(%)	17.73	15.47	14.52	13.76	10.03	14.41
	占比最大值(%)	55.35	53.67	57.63	68.33	72.46	76.66
	占比最小值(%)	0.00	0.08	0.00	0.00	0.00	0.66
	标准差(%)	13.79	11.90	12.63	12.17	12.37	12.75
	变异系数	0.78	0.77	0.87	0.88	0.86	0.88

续表

项目		2015 年	2016 年	2017 年	2018 年	2019 年	2020 年
房地产业	规模(万元)	1986838	2735452	3449852	3912241	5301268	3411718
	占比(%)	9. 51	13. 32	12. 02	14. 81	17. 09	15. 66
	占比最大值(%)	76. 64	69. 91	69. 45	79. 33	78. 48	62. 14
	占比最小值(%)	0. 00	0. 28	0. 33	0. 17	0. 12	0. 18
	标准差(%)	14. 18	14. 56	12. 28	14. 85	15. 73	13. 59
	变异系数	1. 49	1. 09	1. 02	1. 00	0. 92	0. 87
证券业	规模(万元)	4670180	4615884	5497438	3786329	3517235	3755842
	占比(%)	19. 02	10. 90	11. 07	7. 81	7. 81	9. 12
	最大值(%)	34. 62	75. 94	58. 63	52. 41	51. 77	53. 20
	最小值(%)	0. 00	0. 00	0. 01	0. 00	0. 00	0. 00
	标准差(%)	16. 52	15. 91	13. 93	11. 51	10. 91	10. 87
	变异系数	0. 87	1. 46	1. 26	1. 47	1. 40	1. 19
实业	规模(万元)	5482718	7634547	9976555	8903421	9072175	7991991
	占比(%)	22. 33	26. 97	29. 60	31. 56	31. 87	31. 86
	最大值(%)	83. 59	81. 57	87. 02	94. 19	94. 75	88. 15
	最小值(%)	0. 00	0. 20	1. 47	1. 70	1. 84	2. 26
	标准差(%)	18. 31	17. 29	18. 84	20. 66	19. 50	20. 65
	变异系数	0. 82	0. 64	0. 64	0. 65	0. 61	0. 65
金融机构	规模(万元)	4884625	6028036	8293402	5740746	5041472	3912478
	占比(%)	19. 89	16. 83	17. 04	15. 24	13. 40	12. 46
	最大值(%)	64. 16	48. 37	50. 33	48. 50	35. 89	51. 21
	最小值(%)	0. 00	0. 00	0. 00	0. 00	0. 00	0. 00
	标准差(%)	13. 03	13. 53	12. 50	11. 88	9. 54	12. 18
	变异系数	0. 65	0. 80	0. 73	0. 78	0. 71	0. 98

二、信托资产分布的公司分析

2020 年各项信托资产比例最大的前 3 名信托公司如表 3 – 3 所示。

表 3 – 3　　2020 年各项信托资产比例最大的前 3 名信托公司

项目	第 1 名	第 2 名	第 3 名
基础产业资产	英大信托(76. 66%)	国元信托(38. 10%)	华澳信托(36. 14%)
房地产业资产	工商信托(62. 14%)	万向信托(58. 10%)	爱建信托(43. 53%)
证券业资产	华润信托(53. 20%)	外贸信托(45. 24%)	中海信托(29. 37%)

续表

项目	第1名	第2名	第3名
实业资产	山东国信(88.15%)	山西信托(88.15%)	天津信托(76.91%)
金融机构资产	国民信托(51.21%)	中海信托(48.87%)	中诚信托(44.22%)

基础产业资产占比前3名和2019年相比发生了微小变化。其中,英大信托和国元信托已经连续3年保持在该指标的第1名和第2名。陆家嘴信托与华澳信托排名相互置换,陆家嘴信托由2019年的第3名下降至2020年的第4名,而华澳信托则由2019年的第4名上升至2020年的第3名。

房地产业资产占比前3名相比2019年也发生了一定的变化。其中,工商信托与万向信托继2019年之后继续保持在前3名的位置,但是其排名出现小幅变化。工商信托由2019年的第2名升至2020年的第1名,万向信托由2019年的第3名上升至2020年的第2名。华宸信托由2019年的第1名下降至2020年的第7名,其对于房地产资产的配置比例在2020年进行了一定幅度的调整。爱建信托则在2020年大幅度增加了房地产业资产的配置比例,由2019年的第20名上升至2020年的第3名。

华润信托与外贸信托仍然维持在证券业资产占比的前3名,其排名出现了小幅变化。其中,华润信托由2019年的第3名上升至2020年的第1名,外贸信托由2019年的第1名下降至2020年的第2名。江苏国信排名出现了一定的下滑,由2019年的第2名下降至2020年的第5名。中海信托的排名则小幅上升,由2019年的第4名上升至2020年的第3名。

实业资产占比排名中,天津信托和山西信托仍然维持在行业前3名,但其位置互换。山西信托由2019年的第3名上升至2020年的第2名,而天津信托则由2019年的第2名下降至2020年的第3名。值得注意的是,山东国信在2020年大幅度增加了实业资产的配置比例,其排名由2019年的第38名上升至2020年的第1名,这可能是山东国信在信托行业服务实体经济的呼吁下,对其资产配置结构进行积极调整的结果。

金融机构资产占比排名相对变化较大,其中中海信托连续2年保持在行业前3名,在2019年排名第1名,在2020年小幅下降至第2名。民生信托和西藏信托排名出现下降,民生信托由2019年的第2名下降至2020年的第16名,西藏信托由2019年的第3名下降至2020年的第6名。国民信托和中诚信托排名则出现了大幅度提升,国民信托由2019年的第46名上升至2020年的第1名,中诚信托则由2019年的第41名上升至2020

年的第3名。数据表明，国民信托与中诚信托在2020年都对其资产配置结构进行了大幅调整，将金融资产作为其投资重点。

2020年各项信托资产规模最大的前3名信托公司如表3-4所示。

表3-4　　2020年各项信托资产规模最大的前3名信托公司

项目	第1名	第2名	第3名
基础产业资产	英大信托(4402)	光大兴陇(2647)	中信信托(2151)
房地产业资产	中信信托(1994)	中融信托(1291)	中航信托(1164)
证券业资产	华润信托(5446)	外贸信托(3055)	建信信托(2818)
实业资产	光大兴陇(3838)	中信信托(2813)	渤海信托(2681)
金融机构资产	中信信托(2791)	建信信托(2272)	中融信托(2230)

注：括号内资产规模单位为亿元。

基础产业资产规模前3名公司基本保持稳定，其中英大信托和中信信托继续保持在前列，但其排名发生了小幅变化。英大信托由2019年的第2名上升至2020年的第1名，中信信托由2019年的第1名下降至2020年的第3名。上海国信排名出现了一定的下滑，由2019年的第3名下降至2020年的第4名。光大兴陇排名上升，由2019年的第4名上升至2020年的第2名。

房地产业资产规模前3名相比于2019年发生了较大的变化。其中，只有中信信托连续两年维持在前3名，由2019年的第2名上升至2020年的第1名。北京国信与兴业信托排名出现了一定的下降，北京国信由2019年的第1名下降至2020年的第33名，兴业信托由2019年的第3名下降至2020年的第30名。中融信托与中航信托排名有一定幅度的上升，中融信托由2019年的第4名上升至2020年的第2名，中航信托由2019年的第6名上升至2020年的第3名。

证券业资产规模前3名相对比较稳定，华润信托、外贸信托与建信信托继续维持在行业前3名。其中，华润信托仍然维持在行业第1名。建信信托与外贸信托的排名出现了互换，外贸信托由2019年的第3名上升至2020年的第2名，而建信信托则由2019年的第2名下降至2020年的第3名。

实业资产规模前3名发生了一定程度的变化，其中中信信托与渤海信托在2019年与2020年均维持在行业前3名，但其排名均出现了小幅下降。中信信托由2019年的第1名下降至2020年的第2名，渤海信托由2019年的第2名下降至2020年的第3名。光大兴陇在2020年大幅度提高实业资产配置规模，由2019年的第11名上升至

2020 年的第 1 名。

金融机构资产规模前 3 名与 2019 年完全相同，中信信托、建信信托与中融信托继续保持行业前 3 名。值得注意的是，3 家信托公司的排名虽然没有发生变化，但在降规模的总体趋势下，其金融资产规模的绝对数与 2019 年相比均出现了一定的下降。

另外，从 2013 年以来各年信托资产构成比例的稳定程度来看（见表 3－5），国元信托、工商信托、外贸信托、吉林信托、华信信托分别在基础产业资产、房地产业资产、证券业资产、实业资产和金融机构资产中的投资比例较为稳定。

表 3－5　　2013—2020 年各项信托资产投资比例最稳定的前 3 名信托公司

项目	第 1 名	第 2 名	第 3 名
基础产业资产	国元信托 （43.05%，0.12）	上海国信 （32.67%，0.13）	陕西国信 （28.27%，0.13）
房地产业资产	工商信托 （74.04%，0.09）	大业信托 （25.85%，0.14）	光大兴陇 （11.65%，0.20）
证券业资产	外贸信托 （44.95%，0.15）	北方国信 （20.02%，0.17）	华宝信托 （28.32%，0.22）
实业资产	吉林信托 （65.57%，0.08）	中融信托 （37.15%，0.09）	安信信托 （56.63%，0.10）
金融机构资产	华信信托 （21.69%，0.12）	天津信托 （3.72%，0.23）	四川信托 （16.87%，0.23）

注：表中括号内第一个数字是平均值，第二个数字是变异系数。

第三节　信托资产运用分析

一、信托资产运用的总体分析

信托公司的运用方式可以分为货币资产、贷款、长期投资以及交易性金融资产等。2015—2020 年信托公司信托资产的运用分布如图 3－3 所示。

自 2015 年以来，贷款资产的比例在信托资产运用中一直居于首位，但其数值存在一定波动。2011—2013 年，贷款资产比例持续上升，由 2011 年的 36.76% 上升至 2013 年的 45.05%；2014 年和 2015 年连续两年下跌至 34.76%；2016 年贷款资产比例又一次出现

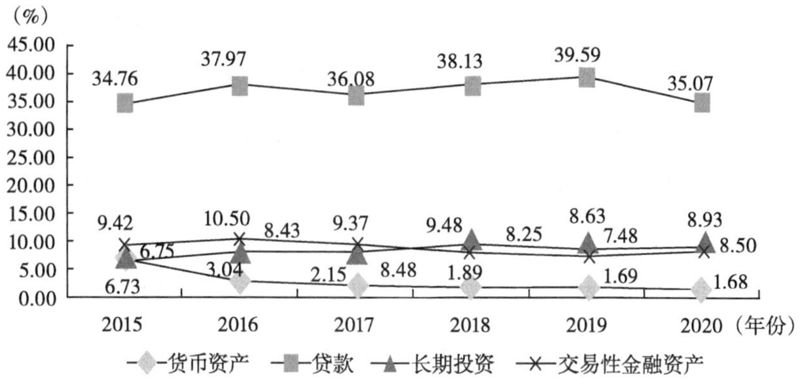

图 3－3 2015—2020 年信托公司信托资产的运用分布

上升，小幅反弹至 37.97%；2017 年小幅下降至 36.08%；2018 年与 2019 年该指标连续两年上升，分别为 38.13% 和 39.59%；2020 年贷款资产占比为 35.07%，相比于 2019 年出现了一定的下降。贷款业务是信托行业的传统运作方式，该指标的下降可能标志着信托公司正在寻求业务创新与行业转型。

2019 年，长期投资比例仍然居于信托资产运用的第 2 位。整体而言，2015—2018 年，长期投资比例呈现先降后升的"V"形变化特征。2013 年该指标达到 8.67%，2014 年和 2015 年分别降至 7.53% 和 6.73%，2016 年该指标开始进入上升通道，2016 年和 2017 年分别增至 8.43% 和 8.48%，2018 年达到 9.48%，2019 年该指标虽然有所降低，降至 8.63%，但在 2020 年增长至 8.93%。这在一定程度上表明信托公司普遍愿意通过降长期投资方式来获取更高的信托资产收益水平。

2020 年，交易性金融资产比例位居信托资产运用的第 3 位。2015—2020 年，该指标呈现出小幅波动的特征。2015 年和 2016 年连续两年出现上涨，分别达到 9.42% 和 10.50%，2017—2019 年，该指标连续 3 年出现下行，2017 年和 2018 年分别为 9.37% 和 8.25%，2019 年该指标继续下降至 7.48%，2020 年交易性金融资产占比上升至 8.50%。从横向比较来看，自 2017 年开始，交易性金融资产排名第 2 的位置开始被长期投资所取代。这表明信托公司在运用信托资金时，将投资的目标由追求短期收益的交易性金融资产转换为投资期限更长的长期投资，表明随着信托市场与资管规范的不断完善，信托公司的经营策略更加注重追求长期收益。从纵向比较来看，2020 年交易性金融资产投资比重相比于 2019 年得到了提升，这可能是在新冠肺炎疫情冲击以及经济不确定性加剧的影响下，信托公司需要提高资产的流动性以降低风险。

货币资产的比例在 2015—2020 年呈逐年下降趋势。2015 年该指标小幅下跌至 6.75%,2016 年大幅下跌至 3.04%,2017 年和 2018 年更是降至 2.15% 和 1.89% 的低点。2019 年与 2020 年,该趋势没有得到逆转,货币资产占比仅分别为 1.69% 和 1.68%,为近年来的最低水平。由此可见,货币资产虽然风险水平相对较低,但是由于其盈利能力相对较差,因此在信托行业发展过程中,该类资产占比在逐渐缩减。

综上所述,可以发现信托资产运用具有如下特征:第一,相比于 2019 年,长期投资资产与交易性金融资产在 2020 年的占比均有所提高。长期投资资产的增加,表明信托行业更加注重通过资产管理能力的提升获得长远发展;而交易性金融资产占比提高,则表明在经济不确定性增强的外部环境下,信托行业在保持利润源的同时,希望通过资产流动性的提高来降低财务风险。第二,贷款占比在 2020 年出现了下降,这可能表明信托行业在去通道等监管要求的促使下,依赖于对外贷款的传统业务模式可能会得到改变。第三,货币资产占比下行的趋势在 2020 年没有得到逆转,说明信托公司在业务竞争加剧的环境下,希望通过提高资产的盈利能力去寻求自身发展。

图 3-4 描述了 2015—2020 年信托公司信托资产各运用方式比例的增减速度。

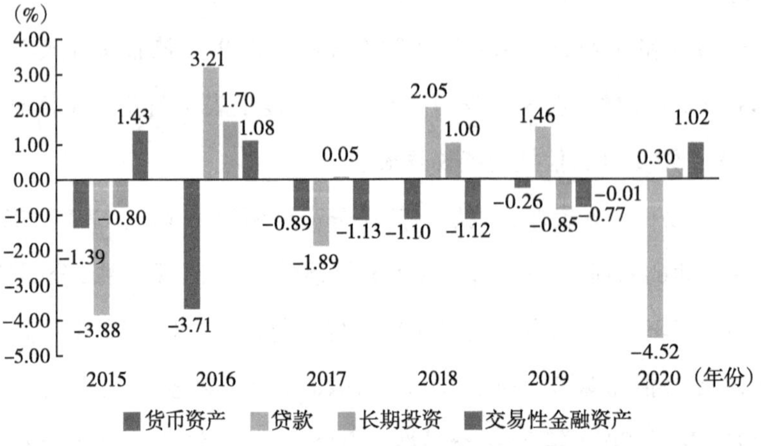

图 3-4　2015—2020 年信托公司信托资产各运用方式比例的增减速度

其中,交易性金融资产的变化速度最小,区间为 -1.13% ~1.43%,最大跌幅为 2017 年的 -1.13 %,最大涨幅则为 2015 年的 1.43%。值得注意的是,经过 2013 年与 2014 年的相对稳定期,从 2015 年开始,交易性金融资产的波动程度有所加大。2016 年该指标增加 1.08%,2017 年至 2019 年,交易性金融资产波动性连续 3 年处于下行通道:2017 年变

化速度为 -1.13%,2018 年变化速度为 -1.12%,2019 年为 -0.77%,2020 年该指标为 1.02%。

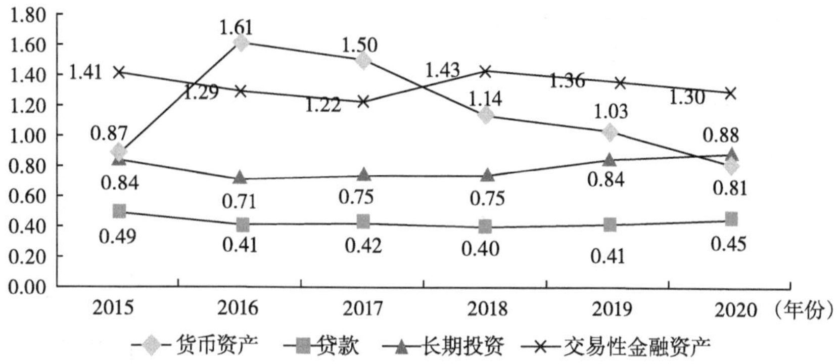

图 3-5　2015—2020 年信托资产运用方式构成比例的变异系数

图 3-5 描述了 2015—2020 年信托资产运用构成比例在不同信托公司之间的变异系数。首先,贷款的变异系数一直比较低。2015 年之后,变异系数都分布于 0.40~0.50 区间,最大值为 2015 年的 0.49,最小值为 2018 年的 0.40。这表明,不同信托公司对贷款资产比例的态度比较一致。其次,长期投资资产的变异系数也比较稳定。2015 年至 2019 年,该指标分布于 0.71~0.84 区间内,在四类资产运用方式中也相对较低。但值得注意的是,2020 年长期投资资产变异系数为 0.88,为近年来的最高水平。这可能是在信托行业整体改革的背景下,信托公司在改善资产管理能力过程中存在一定的进度差异等原因所造成的。再次,货币资产的变异系数在 2020 年有所降低。2016 年,货币资产变异系数达到 1.61 的最大值,之后该指标一直呈现下降趋势:2017 年为 1.50,2018 年为 1.14,2019 年为 1.03,2020 年该指标降至 0.81,首次位于 1.00 以下。结合信托行业货币资产占比均值下降的结果,表明信托公司在积极寻求自身资本运作能力和盈利能力的提升,普遍降低货币资金比重。最后,交易性金融资产变异系数相对稳定,2020 年相比于 2019 年小幅下降至 1.30。

综合相关数据,可以发现,2020 年信托资产运用的变异性存在一定差异,货币资金和交易性金融资产占比变异系数相比于 2019 年有所下降,而贷款与长期投资资产占比变异系数相比于 2019 年则有所上升。这表明在外部经济不确定性有所加强的情况下,信托行业对于货币资金和交易性金融资产的投资政策较为趋同,但是对于贷款与长期投资资产的投资策略差异性在逐步加大,因此这两类资产配置效率的高低可能会对不同信托公司的未来发展产生较大影响。2016—2020 年信托公司信托资产运用方式具体分布数据如表 3-6 所示。

表3-6　　2016—2020年信托公司信托资产运用方式分布

项目		2016年	2017年	2018年	2019年	2020年
披露公司数目(家)		64	62	64	64	62
货币资产	规模(万元)	1656976	1031960	1043376	816590	723577
	占比(%)	3.04	2.15	1.89	1.69	1.68
	占比增长(%)	-3.71	-0.89	-0.26	-0.20	-0.01
	最大值(%)	29.82	17.54	12.75	10.24	8.99
	最小值(%)	0.00	0.18	0.05	0.06	0.04
	标准差(%)	4.90	3.22	0.02	1.74	1.35
	变异系数	1.61	1.50	1.14	1.03	0.81
贷款	规模(万元)	9844327	13649619	12893638	12560479	10916843
	占比(%)	37.97	36.08	38.13	39.59	35.07
	占比增长(%)	3.21	-1.89	2.05	1.46	-4.52
	最大值(%)	68.70	80.84	72.35	76.99	71.33
	最小值(%)	8.60	3.25	3.31	0.59	0.10
	标准差(%)	15.54	15.30	15.36	16.18	15.79
	变异系数	0.41	0.42	0.40	0.41	0.45
长期投资	规模(万元)	2146446	2886342	2850223	2461784	2418385
	占比(%)	8.43	8.48	9.48	8.63	8.93
	占比增长(%)	1.70	0.05	1.00	-0.85	0.30
	最大值(%)	28.01	31.39	37.25	38.96	45.73
	最小值(%)	0.86	0.22	0.20	0.00	0.24
	标准差(%)	5.98	6.37	7.07	7.21	7.87
	变异系数	0.71	0.75	0.75	0.84	0.88
交易性金融资产	规模(万元)	4283962	4800038	3375954	3195170	3778952
	占比(%)	10.50	9.37	8.25	7.48	8.50
	占比增长(%)	1.08	-1.13	-1.12	-0.77	1.02
	最大值(%)	73.08	45.84	56.18	52.59	47.33
	最小值(%)	0.00	0.00	0.00	0.00	0.00
	标准差(%)	13.41	11.46	11.81	10.19	11.04
	变异系数	1.29	1.22	1.43	1.36	1.30

二、信托资产运用的公司分析

2020年各项信托资产运用方式比例最大的前3名信托公司如表3-7所示。

表 3 – 7　　2020 年各项信托资产运用方式比例最大的前 3 名信托公司

项目	第 1 名	第 2 名	第 3 名
货币资产	中信信托(8.99%)	华宝信托(4.26%)	外贸信托(3.85%)
贷款	重庆国信(71.33%)	万向信托(68.24%)	山西信托(66.70%)
长期投资	长城新盛(45.73%)	中粮信托(32.06%)	北京国信(28.60%)
交易性金融资产	华润信托(47.33%)	外贸信托(46.71%)	东莞信托(36.51%)

从表 3 – 7 中可以看出,2020 年货币资产占比前 3 名相比于 2019 年出现了较大的变化,2020 年的前 3 名中只有中信信托仍然保持在行业前列,其排名从 2019 年的第 2 名上升至 2020 年的第 1 名。江苏国信与建信信托排名出现了一定幅度的下滑,江苏国信由 2019 年的第 1 名下降至 2020 年的第 25 名,建信信托由 2019 年的第 3 名下降至 2020 年的第 33 名。华宝信托与外贸信托排名出现了一定幅度的上升,华宝信托由 2019 年的第 4 名上升至 2020 年的第 2 名,外贸信托由 2019 年的第 6 名上升至 2020 年的第 3 名。

2020 年贷款资产占比前 3 名也出现了一定的变化。万向信托与山西信托在 2019 年与 2020 年均位于行业前 3 名,但其排名也有一定变化。山西信托由 2019 年的第 1 名下降至 2020 年的第 3 名,万向信托则由 2019 年的第 3 名上升至 2020 年的第 2 名。湖南信托贷款资产占比排名出现了一定幅度的下滑,由 2019 年的第 2 名下降至 2020 年的第 26 名。重庆国信则由 2019 年的第 5 名上升至 2020 年的第 1 名。

2020 年长期投资资产占比前 3 名没有发生变化,长城新盛、中粮信托与北京国信继续保持在行业前 3 名。

2020 年交易性金融资产占比前 3 名仍然为华润信托、外贸信托以及东莞信托。其中相比于 2019 年,东莞信托第 3 名的排名没有发生变化。华润信托与外贸信托的排名则出现了互换,外贸信托由 2019 年的第 1 名下降至 2020 年的第 2 名,而华润信托则由 2019 年的第 2 名上升至 2020 年的第 1 名。

2020 年各项信托资产运用方式规模最大的前 3 名信托公司如表 3 – 8 所示。

表 3 – 8　　2020 年各项信托资产运用方式规模最大的前 3 名信托公司

项目	第 1 名	第 2 名	第 3 名
货币资产	中信信托(1101)	华润信托(283)	外贸信托(260)
贷款	建信信托(6915)	光大兴陇(4485)	中信信托(4419)

续表

项目	第1名	第2名	第3名
长期投资	中融信托(1411)	中信信托(1330)	中航信托(1083)
交易性金融资产	华润信托(4845)	外贸信托(3153)	建信信托(1538)

注:表中括号内资产规模单位为亿元。

2020年货币资产规模前3名出现了一定的变化。其中,中信信托2019年与2020年货币资产规模排名均为第1名。建信信托与江苏国信的排名出现了一定幅度的下滑,建信信托由2019年的第2名下降至2020年的第6名,江苏国信则由2019年的第3名下降至2020年的第17名。华润信托与外贸信托的货币资产规模排名在2020年有了一定幅度的上升,华润信托由2019年的第4名上升至2020年的第2名,外贸信托则由2019年的第9名上升至2020年的第3名。

2020年贷款资产规模前3名出现了小幅的变化。其中,建信信托继续保持行业第1名,而中信信托则由2019年的第2名下降至2020年的第3名。华润信托贷款资产规模排名出现了一定幅度的下滑,由2019年的第3名下降至2020年的第4名,而光大兴陇则由2019年的第5名上升至2020年的第2名。

2020年长期投资资产规模前3名继续由中融信托、中信信托以及中航信托所占据,但是其内部排名有一定的变化。中信信托由2019年的第1名下降至2020年的第2名,中航信托则由2019年的第2名下降至2020年的第3名,而中融信托则由2019年的第3名上升至2020年的第1名。

2020年交易性金融资产规模占比前3名分别为华润信托、外贸信托与建信信托,该排名相比于2019年没有发生任何变化。

2016—2020年各项信托资产比例最稳定的前3名信托公司如表3-9所示。

表3-9　　2016—2020年各项信托资产比例最稳定的前3名信托公司

项目	第1名	第2名	第3名
货币资产	中融信托 (2.06%,0.05)	平安信托 (1.90%,0.05)	外贸信托 (3.76%,0.09)
贷款	渤海国信 (60.53%,0.01)	雪松国信 (52.41%,0.02)	五矿信托 (29.78%,0.03)
长期投资	中信信托 (10.72%,0.03)	紫金信托 (6.88%,0.03)	山东国信 (5.69%,0.04)

续表

项目	第1名	第2名	第3名
交易性金融资产	长安国信 （7.89%，0.10）	建信信托 （8.91%，0.12）	上海国信 （8.94%，0.14）

注：表中括号内第一个数值是平均值，第二个数值是变异系数。

如表3－9所示，中融信托、渤海国信、中信信托和长安国信分别在货币资产、贷款、长期投资以及交易性金融资产方面占比较为稳定。

第四章　信托资产盈利能力分析

第一节 信托收入

一、信托收入的历史分析

截至2021年5月底,共有62家信托公司披露了2020年信托收入相关数据。

信托公司最新披露信息显示,2020年信托行业平均信托收入为2327407万元。即使是在新冠肺炎疫情冲击导致的宏观经济放缓以及监管部门“降规模”政策的影响下,信托行业收入相比于2019年仍然出现了小幅的上升,平均增幅为109902万元,增长率为4.96%。从近两年来的信托收入的变动趋势来看,信托收入行业均值在2014年的上升幅度最大,达到53.52%,而2017年增幅也达到39.11%;但自2015年开始,信托收入增长幅度开始放缓,其中2015年的增幅仅为13.38%,2016年出现了14.85%的下滑。2018年降幅为21.24%,2019年升幅达36.48%(见表4-1)。信托收入均值增幅虽然在2020年同比出现了较大下降,但仍然保持正增长。结合信托资产的相关数据,可以发现,2020年信托资产规模大幅收缩,但是信托业务收入却保持小幅上涨态势。这可能表明,信托行业在2020年注重发展质量,提高了资产获利水平,使得信托收入不降反升。

表4-1　　2016—2020年信托公司信托收入统计分析

项目	2016年	2017年	2018年	2019年	2020年
平均值(万元)	1615454	2063063	1624831	2217505	2327407
均值增长幅度(万元)	-281737	447609	-438232	592674	109902
平均值增长率(%)	-14.85	39.11	-21.24	36.48	4.96
公司数目(家)	68	68	68	66	62
最大值(万元)	7552412	7807201	7171351	11042094	10102450

续表

项目	2016年	2017年	2018年	2019年	2020年
最小值(万元)	51312	53725	-2102189	19438	7635
标准差(万元)	1398304	1707978	1618546	2081975	2353359
变异系数	0.87	0.83	1.00	0.94	1.01

2018年以前,从未出现信托公司的信托收入为负值的情况。2018年,68家信托公司中,有64家信托公司的信托收入为正数,但也有4家信托公司出现了信托收入为负的情况。这些信托公司营业收入出现负值,主要是由于外部环境对于投资收益和公允价值变动损益等财务指标产生负面影响。但是在2019年与2020年,所有公布相关数据的信托公司信托收入均为正值。

在2007年,单个信托公司的信托收入出现历史高点2137956万元,之后的4年内,该指标一直在100亿元级别徘徊。2012年的信托收入最高值打破了2007年的纪录,达到3081299万元,2013年单个信托公司信托收入在2012年出现历史高值的基础上达到3824727万元,2014年这一指标又创新高,达到5760493万元,2015年与2016年,这一指标继续刷新历史纪录,分别达到7067050万元和7552412万元,2017年该指标进一步增长至7807201万元,2018年该指标出现了一定回落,仅为7171351万元,该指标在2019年达到11042094万元,为近年来的最大值,2020年单个信托公司信托收入最大值为10102450万元,该数据与2019年相比有小幅下降,这可能还是外部宏观经济影响的结果。

2016—2020年,信托公司信托收入变异系数呈现周期性波动的趋势。2016年该指标为0.87,2017年小幅下降至0.83,2018年该指标达到1.00,为近5年来的最高值,2019年该指标小幅下降至0.94,2020年该指标重新上升至1.01。由此可见,在2020年宏观经济和政策调整的影响下,信托公司之间的信托收入差异度有所加大。

综合上述分析,我们不难发现,在经历了信托公司平均信托收入2012—2014年的高速增长后,2015年各信托公司平均信托收入增幅大幅缩减,这说明2015年各信托公司收入增长形势不容乐观,以往持续高速增长的态势在2015年发生了转变。2016年则延续了这一趋势,出现了近5年以来的首次下跌。而2017年该指标出现了一定的反弹迹象,实现了39.11%的增长,与此同时变异系数也在进一步降低。2018年,信托公司营业收入均值下降21.24%,变异系数也增加至1.00的最大值,这表明2018年信托行业面临着较为严峻的发展环境。2019年,信托公司营业收入均值增长36.48%,变异系数也降低至0.94。2020年,信托公司营业收入均值增长4.96%,变异系数增长至1.01。这表明在经济不确定性加大和"降规模"的影响下,信托行业通过自身资产主动管理能力的提升,实现了营业收入的逆周期增长,但是信托公司之间的差异性有所加大。

二、信托收入的公司分析

从信托收入排名来看,2020年信托收入最大的信托公司前5名分别为:华润信托(10102450万元)、中信信托(10037465万元)、外贸信托(7785088万元)、建信信托(7298854万元)与光大兴陇(7046304万元)。

与2019年相比,信托公司信托收入前5名发生了一定的变化。其中,华润信托的信托收入由2019年的7734685万元大幅上升至2020年的10102450万元,其行业排名也从2019年的第3名上升至2020年的第1名。中信信托2020年的信托收入为10037465万元,相比于2019年的11042094万元有所下降,因此其行业排名由2019年的第1名下降至2020年的第2名。值得注意的是,2019年信托收入超过1000亿元的信托公司只有中信信托1家,由于华润信托在2020年强势增长,2020年信托收入超过1000亿元的信托公司达到2家。外贸信托在2019年的信托收入为4931726万元,2020年上升至7785088万元,增长幅度较大,其行业排名也从2019年的第8名上升至2020年的第3名。光大兴陇在2019年的信托收入为5188613万元,2020年上升至7046304万元,其行业排名也由2019年的第6名上升至2020年的第5名。与此同时,建信信托、中融信托与华能贵诚的信托收入排名在2020年出现了一定的下降。其中建信信托在2020年的信托收入为7298854万元,其排名从2019年的第2名下降至2020年的第4名。中融信托在2020年的信托收入为6484174万元,相比于2019年的6012037万元虽然有所增长,但由于其增速低于其他几家信托公司,因此其行业排名由2019年的第4名下降至2020年的第7名。华能贵诚2020年的信托收入为5667124万元,其排名也由2019年的第5名下降至2020年的第8名。

此外,2015年仅有1家信托公司的信托收入不足10亿元,2016年不足10亿元的信托公司增加到2家,2017年不足10亿元的信托公司重新减少至1家。2018年有5家信托公司信托营业收入不足10亿元,其中还有4家信托公司出现了负数。2019年只有1家信托公司信托收入不足10亿元,并且所有公布该数据的66家信托公司信托收入均为正数。2020年已公布年报的62家信托公司中,只有1家信托公司信托收入不足10亿元,并且全部信托公司收入均为正数。

从信托收入增幅来看,2020年信托收入增幅前5名的信托公司分别为爱建信托(64.24%)、外贸信托(57.86%)、英大信托(42.39%)、厦门国信(37.14%)以及五矿信托(36.97%)。通过对该数据的分析,可以发现2020年信托收入增幅排名和2019年相比发生了较大的变化,2019年信托收入增幅前5名的信托公司在2020年均没有保持在前5名的位置。同时,2020年信托收入增幅前5名的信托公司的增幅数据要远远低于2019年,这可能还是由于受到外部环境负向冲击的影响。

从2015—2020年6年间信托收入的稳定程度来看,最稳定公司的前3名分别是百瑞信托(变异系数为0.11,年均值为5420547万元)、国联信托(变异系数为0.12,年均值为449223万元)以及中原信托(变异系数为0.13,年均值为1161528万元)。另外,信托收入波动程度最大的前3家公司分别是陕西国信(变异系数为1.33,平均值为1283974万元)、云南国信(变异系数为1.06,平均值为1138645万元)以及华鑫信托(变异系数为0.84,年均值为1441431万元)。

第二节 信托项目收益率

一、集合类信托项目收益率

2020年度蓝皮书得到60家信托公司披露的集合类信托项目加权平均实际收益率数据,与2019年相比略有下降。

对于全体信托公司集合类信托项目加权平均实际收益率来讲,2016年以来,信托公司集合类信托项目平均收益率在5%~10%波动。经历2012年的最低值6.87%之后,2013年、2014年和2015年该指标持续上升,在2015年达到近5年的最高值9.70%,2016年则又小幅下跌至8.26%,2017年降至7.30%,2018年进一步降至5.08%,为近年来的最低值,2019年该指标增加至5.84%,2020年进一步增加至6.53%。值得注意的是,经过2016—2018年连续3年的持续下降,集合类信托项目平均收益率在2019年和2020年实现了连续两年的上升。

就单个公司集合类信托项目收益率而言,2016年有1家公司该指标为负值,只有2014年与2017年全部公司的集合类信托项目收益率均为正数。2018年有6家信托公司的集合类信托项目收益率为负值,为近年来的最大值。2019 年有 2 家信托公司的集合类信托项目收益率为负值,2020 年该指标进一步减少至 1 家。由此可见,集合类信托项目收益水平整体呈现利好态势。

从各信托公司在指标上的表现差异度来看,近 5 年来,2018 年的变异系数为 0. 85,其余 4 年的变异系数均不超过 0. 40,2016 年该指标大幅下跌至 0. 25,2017 年又上升至 0. 29,2018 年则上升至近 5 年来的最大值 0. 85,2019 年回落至 0. 40,2020 年进一步下降至 0. 33(见表 4 –2)。因此信托公司之间的集合类信托项目收益率之间的差异在 2020 年有所缩小。

表 4 –2　　2016—2020 年信托公司集合类信托项目平均收益率统计

项目	2016 年	2017 年	2018 年	2019 年	2020 年
平均值(%)	8. 26	7. 30	5. 08	5. 84	6. 53
均值增长幅度(%)	–1. 44	–1. 11	–2. 22	0. 76	0. 69
披露公司数目(家)	68	68	68	65	60
收益率为负的公司数(家)	1	0	6	2	1
最大值(%)	9. 74	14. 34	10. 28	9. 92	14. 36
最小值(%)	–1. 59	1. 02	–13. 35	–5. 22	–0. 35
标准差(%)	2. 08	2. 11	4. 32	2. 36	2. 14
变异系数	0. 25	0. 29	0. 85	0. 40	0. 33

2020 年集合类信托项目收益率排名前 3 的公司分别是:西藏信托(14. 36%)、云南国信(10. 91%)和华宸信托(9. 37%)。值得注意的是,2019 年集合类信托项目收益率排名前 3 的山西信托、中融信托与北京国信,2020 年均没有进入前 3。

从该指标历年的稳定程度来看,英大信托、四川信托与中建投信托从 2016 年以来保持了非常稳定的表现,每年分别实现了 9. 26%、7. 29% 和 7. 79% 的平均集合类项目收益率,其变异系数分别为 0. 04、0. 05 和 0. 07,均位于行业领先水平。

二、单一类信托项目收益率

2016 年以前,单一类信托项目收益率维持在 7% 以上的水平。从 2017 年开始,该指标跌至 7% 以下并趋于平稳。如表 4 –3 所示,2016 年单一类信托项目收益率为 7. 90%,为近年来的最高水平。然而 2017 年单一类信托项目收益率平均值首次出现下降,降幅为 1. 13%,2018 年该指标又下降至 5. 93,降幅为 0. 38%,2019 年该指标增长至 6. 58%,

2020年该指标进一步下降至5.86%,该指标在2017年以后维持在5%~7%的区间之内。2020年单一类信托项目收益率最大值为8.56%,最小值为3.26%,最大值与最小值之间的差异相比于2019年有所下降。此外,2018年部分信托公司单一类信托项目收益率为负值的情况在2020年没有出现。

从变异系数来看,2016—2018年,单一类信托项目收益率变异系数维持在0.20~0.25的区间之内,2019年该指标大幅度增加至0.56,这可能是2019年信托监管政策变动的结果。2020年该指标下降至0.17,为近年来的最小值。

表4-3　2016—2020年信托公司单一类信托项目平均收益率统计

项目	2016年	2017年	2018年	2019年	2020年
平均值(%)	7.44	6.31	5.93	6.58	5.86
均值增长幅度(%)	0.01	-1.13	-0.38	0.65	-0.72
披露公司数目(家)	68	68	68	66	60
最大值(%)	7.90	9.77	10.30	33.55	8.56
最小值(%)	4.67	0.47	-1.49	1.65	3.26
标准差(%)	1.47	1.46	1.43	3.70	1.02
变异系数	0.20	0.23	0.24	0.56	0.17

2020年单一类信托项目收益率排名前3的信托公司分别为中泰信托(8.56%)、陆家嘴信托(7.72%)以及西藏信托(7.41%)。通过对比可以发现,单一类信托项目收益率排名相比于2019年发生了较大的变化。中泰信托单一类信托项目收益率在2019年与2020年均排在行业第1名,但其收益率同比有所降低。2019年排在第2名与第3名的华宸信托与工商信托,在2020年分别跌至第33名和第22名。陆家嘴信托在2019年排名为第13名,2020年上升至第2名。西藏信托在2019年的排名为第10名,2020年上升至第3名。值得注意的是,无论是集合类信托项目还是单一类信托项目的收益率,西藏信托2020年均排行业前3。

从该指标历年的稳定程度来看,交银国信自2016年以来保持了比较稳定的收益率,单一类信托项目平均收益率为5.45%,变异系数为0.03。此外,渤海信托与中信信托的单一类信托项目收益率也比较稳定,平均值分别为6.81%和5.81%,变异系数分别为0.03和0.04。

第三节 新增信托项目

2020 年度蓝皮书得到 60 家信托公司披露的新增信托项目数据，相比于 2019 年有所减少。

一、新增信托项目规模

2020 年信托公司平均新增信托项目规模为 11876628 万元，比 2019 年降低 3.78%。值得注意的是，经过 2019 年新增信托项目规模均值上升之后，2020 年该指标出现了下降。另外，2020 年披露的 60 家公司中有 55 家新增信托项目规模超过百亿元，新增信托项目规模不足百亿元的信托公司数有所上升。

各公司新增信托项目规模的变异系数 2016 年达到 1.06，为近 5 年来的最大值。2017 年与 2018 年该数据又分别降至 0.95 和 0.84，2019 年重新增长至 1.03，2020 年又小幅降至 1.00（见表 4－4）。这表明，在 2020 年无论是行业均值还是公司之间的差异性新增信托项目规模相比于 2019 年均有所降低。

表 4－4　2016—2020 年新增信托项目规模统计分析

项目	2016 年	2017 年	2018 年	2019 年	2020 年
平均值（万元）	18521612	22988470	11908250	12343321	11876628
均值增长幅度（万元）	5282173	4466858	－11080220	435071	－466694
均值增长率（%）	39.9	24.12	－48.20	3.65	－3.78
公司数目（家）	68	68	68	66	60
最大值（万元）	111100654	114257851	49142998	52281448	55287377
最小值（万元）	436870	1769509	5000	130	500
标准差（万元）	19639874	21930626	10055794	12690511	11917057
变异系数	1.06	0.95	0.84	1.03	1.00

2020 年新增信托项目规模前 3 名分别为：华能贵诚（55287377 万元）、华润信托（53223373 万元）以及建信信托（45423788 万元）。2020 年新增项目规模前 3 名与 2019 年相比发生了较大的变化。其中，五矿信托由 2019 年的第 1 名降至 2020 年的第 5 名，中信信托由 2019 年的第 2 名降至 2020 年的第 6 名。华能贵诚由 2019 年的第 4 名升至 2020 年的第 1 名，华润信托由 2019 年的第 6 名升至 2020 年的第 2 名，建信信托则由

2019 年的第 5 名升至 2020 年的第 3 名。

二、新增信托项目数量

2020 年,信托公司平均新增信托项目数量为 396 个,比 2019 年增加了 81 个,增长率为 25.66%。2012—2014 年,信托公司平均新增信托项目数量连续 3 年增长,并于 2014 年达到了较高水平。但是,2015 年新增信托项目数量均值大幅下降至 287 个,2016 年开始,该指标呈现周期性波动特征,其中,2016 年减少 8 个,2017 年增加 105 个,2018 年大幅减少 116 个,2019 年该指标出现反弹,增加 47 个,2020 年信托公司平均新增信托项目数量增加 81 个,实现连续两年的增长。

2020 年新增信托项目数量前 3 名分别为:平安信托(3753 个)、外贸信托(2319 个)、华润信托(2067 个)。2020 年披露该指标的 60 家公司中,有 33 家信托公司新增信托项目数量高于 2019 年,有 26 家信托公司新增信托项目数量少于 2019 年,有 1 家信托公司新增信托项目数量与 2019 年持平。从年度最小值来看,2016 年新增信托项目最小的 12 个,2017 年进一步增至 19 个,2018 年则降为 1 个,2019 年该指标仍然为 1,与 2018 年持平,2020 年该指标进一步降为 0。

此外,2015—2017 年,各公司新增项目数量的变异系数均在 0.80 ~ 0.90 波动。2015 年为 0.88,2016 年小幅下降至 0.85,2017 年进一步下降至 0.81,2018 年该指标上升至 1.02,2019 年上升至 1.03,2020 年进一步上升至 1.57,为近年来的最大值,这说明信托公司之间在新增信托项目数量上的差异有所扩大(见表 4 -5)。

表 4 -5　　2016—2020 年新增信托项目数量统计分析

项目	2016 年	2017 年	2018 年	2019 年	2020 年
平均值(个)	279	384	268	315	396
均值增长幅度(个)	-8	105	-116	47	81
均值增长率(%)	-2.79	37.54	-30.21	17.54	25.66
披露公司数目(家)	68	68	68	66	60
最大值(个)	1280	1552	1256	1480	3753
最小值(个)	12	19	1	1	0
标准差(个)	238	310	272	326	621
变异系数	0.85	0.81	1.02	1.03	1.57

三、新增集合类项目比例

新增信托项目可以分为集合类项目和单一类项目,2016—2020 年新增信托项目中集合类项目的比例如表 4 - 6 所示。2016 年新增集合类信托项目比例为 35.76%,2017 年增加至 41.21%,2018 年增加至 43.86%,2019 年增加至 50.32%,为近年来的最高水平。2020 年,新增集合类信托项目比例均值为 48.47%,相比于 2019 年有所下降。从变异系数来看,2016 年变异系数为 0.56,2017 年降至 0.48,2018 年升至 0.60,2019 年回落至 0.55,2020 年进一步升至 0.57。数据显示,2020 年新增集合类信托项目占比均值有所下降,而行业内变异系数有所上升,这表明 2020 年信托公司对于集合类信托项目的投资比重进行了不同程度的调整。

表 4 - 6 2016—2020 年新增集合类信托项目比例统计分析

项目	2016 年	2017 年	2018 年	2019 年	2020 年
平均值(%)	35.76	41.21	43.86	50.32	48.47
均值增长幅度(%)	0.41	5.45	2.65	6.46	-1.85
最大值(%)	91.85	92.32	100.00	100.00	97.54
最小值(%)	0.00	4.04	0.21	0.00	0.00
标准差(%)	20.12	19.87	26.30	27.55	27.71
变异系数	0.56	0.48	0.60	0.55	0.57

2020 年新增集合类项目比例最高的前 3 名公司分别为:民生信托(97.54%)、国投泰康(92.67%)以及苏州信托(88.70%)。该指标的前 3 名与 2019 年相比发生了较大的变化。民生信托由 2019 年的第 4 名上升至 2020 年的第 1 名,国投泰康由 2019 年的第 26 名上升至 2020 年的第 2 名,苏州信托由 2019 年的第 20 名上升至 2020 年的第 3 名。而 2019 年排名前 3 位的安信信托、工商信托与东莞信托 2020 年均不在前 3 名之列。这表明信托公司对于新增集合类项目比例的调整较为频繁。

四、新增主动管理型项目比例

2020 年,信托公司新增主动管理型信托资产项目平均规模为 7517375 万元,相比于 2019 年有所下降,降幅为 80312 万元;2020 年新增主动管理型项目平均占比 60.04%,相比于 2010 年的 57.45% 有所上升。其中,在披露该指标的 60 家信托公司中有 10 家信托公司的新增主动管理型项目比例超过 90%,相比于 2018 年的 8 家有所增加,具体如表4-7所示。

表4-7　　2016—2020年信托公司新增主动管理型项目比例统计分析

项目	2016年	2017年	2018年	2019年	2020年
平均值(%)	27.39	31.54	41.03	57.45	60.04
均值增长幅度(%)	-15.72	4.15	9.49	16.42	2.59
最大值(%)	92.89	274.26	100.00	100.00	100.00
最小值(%)	0.00	0.63	0.31	0.00	0.00
标准差(%)	23.73	43.52	26.50	25.92	27.66
变异系数	0.87	1.38	0.65	0.45	0.46

第五章　自营资产分布与运用分析

第一节　自营资产规模

一、自营资产规模的整体分析

从本报告获得的2020年的年报披露情况来看，有62家信托公司公布了自营资产规模相关数据。

2020年，信托行业自营资产规模继续攀升，平均每家信托公司自营资产规模为1254457万元，比2019年上升11.87亿元，上升幅度为10.45%，增速上升明显。自2004年以来，信托公司的自营资产规模在2007年增幅最大，达到34.94%；在2005年下跌幅度最大，下跌了22028万元，下跌比率为14.53%。

自营资产缩减的公司数目的最大值出现在2005年，达到27家，在2007年降到9家之后，2008年又升到25家，2009年回降到7家，2010年也是7家，2012年则继续减少为3家，2016年达到8家，2017年有13家，2019年与2018年持平，维持在17家，2020年下降至13家。

2020年信托行业中自营资产规模最大的公司为中信信托，2020年其自营资产为3490287万元。

从各年信托公司之间的自营资产规模差异来看，2004年差异性最小，变异系数为0.76，此后逐年上升。2007年上升到最大值1.12，接下来的3年基本稳定在1.06～1.08。2017年变异系数进一步降低到0.66，2018年持续下降至0.59，而2019年升至0.66，这说明各公司的自营资产规模的差异性出现了扩大的情况。同样，自营净资产的变异系数也延续了2008年以来的下降趋势，2013年继续下降到0.80，2015年与2014年持平，为0.79，2016年下降为0.68，2017年继续下降至0.65，2018年保持了下降态势，降至0.64,2019年出现小幅上升,升至0.67,2020年该指标上升到0.71。自营总资产与自营净资产的相关描述性统计见表5-1与表5-2。

表5-1　　2016—2020年信托公司自营资产规模统计分析

项目	2016年	2017年	2018年	2019年	2020年
平均值(万元)	818893	965308	1057880	1135763	1254457
平均值增长额(万元)	135557	146415	92572	77883	118694
平均值增长率(%)	19.84	17.88	9.59	7.36	10.45
公司数(家)	68	67	68	65	62
自营资产缩减的公司数(家)	8	13	17	17	13
最大值(万元)	2611260	2813417	2978535	3205376	3490287
最小值(万元)	70574	117865	121622	153672	101459
标准差(万元)	591021	637047	628634	744183	843035
变异系数	0.72	0.66	0.59	0.66	0.67

表5-2　　2016—2020年信托公司自营净资产规模统计分析

项目	2016年	2017年	2018年	2019年	2020年
平均值(万元)	659106	770141	843228	934940	1018532
平均值增长额(万元)	98781	111035	73087	91711	82965
平均值增长率(%)	17.63	16.85	9.49	9.81	10.76
自营净资产缩减的公司数(家)	7	8	13	4	4
最大值(万元)	2251071	2391441	2427288	2968253	3045124
最小值(万元)	49402	67046	91544	106950	94176
标准差(万元)	453099	504608	540201	630323	725114
变异系数	0.68	0.65	0.64	0.67	0.71

各公司数据详见表5-3至表5-8。

表5-3　　信托公司自营资产总额序列表(2020年)　　单位:万元

序号	公司简称	2020年	2019年	2018年
1	中信信托	3490287	3205376	2753179
2	平安信托	3442460	2940109	2510927
3	重庆国信	2951323	3164752	2978535
4	江苏国信	2807426	2342805	2064442
5	华能贵诚	2745623	2441961	2131577
6	华润信托	2651330	2554554	2318059
7	建信信托	2554691	2120451	1375824

续表

序号	公司简称	2020 年	2019 年	2018 年
8	五矿信托	2502255	1822631	1650898
9	上海国信	2388715	1836274	1651847
10	中融信托	2246232	2159485	2393427
11	中诚信托	2138247	2255173	2246331
12	兴业信托	2128063	1821966	1835789
13	山东国信	2068400	未披露	1361175
14	外贸信托	1940403	1841343	1500319
15	光大兴陇	1808149	1395488	1101583
16	安信信托	1771182	1742339	1974894
17	中航信托	1646080	1650718	1536915
18	中铁信托	1615813	1422139	1320047
19	渤海信托	1545582	1582019	1403723
20	昆仑信托	1452615	1374046	1317572
21	北京国信	1451736	1353554	1162316
22	交银国信	1438120	1284772	1208700
23	陕西国信	1427838	1326400	1227935
24	民生信托	1332487	1420147	1525936
25	中建投信托	1213611	1037444	860618
26	长安国信	1116445	1030986	895600
27	英大信托	1108707	990906	901660
28	华鑫信托	1102676	774874	744682
29	爱建信托	1058398	1012368	990237
30	百瑞信托	1051134	1000246	949133
31	国通信托	1012151	未披露	829842
32	国投泰康	1011488	700786	711091
33	华宝信托	1008548	1060782	1007250
34	中原信托	992351	1040356	956567
35	陆家嘴信托	944790	657811	686019
36	湖南信托	938171	918328	1029951
37	天津信托	896984	806937	749330
38	国元信托	857983	729704	721272
39	粤财信托	851558	755700	650849
40	厦门国信	761409	713892	590607
41	吉林信托	725640	671260	668842
42	中海信托	703380	710342	717589

续表

序号	公司简称	2020年	2019年	2018年
43	西部信托	681383	637938	555547
44	东莞信托	620457	609402	650940
45	国联信托	603036	557662	509004
46	苏州信托	594472	546398	475324
47	北方国信	590465	545023	515312
48	工商信托	552353	499967	520577
49	西藏信托	535228	501338	265662
50	华澳信托	530852	540972	570828
51	紫金信托	522225	465159	421478
52	中粮信托	493840	493428	468129
53	中泰信托	493057	474725	455863
54	金谷信托	476177	529531	473789
55	云南国信	419111	358845	307662
56	万向信托	386881	437000	388636
57	国民信托	347461	323818	361595
58	大业信托	280327	245523	271626
59	浙商金汇	269316	250109	298462
60	山西信托	247875	239961	236429
61	长城新盛	129905	153672	137304
62	华宸信托	101460	128393	121622
63	新华信托	未披露	735797	778375
64	华信信托	未披露	1237600	1219451
65	华融国信	未披露	1716154	1626735
66	新时代	未披露	935835	1150533
67	雪松国信	未披露	未披露	942449
68	四川信托	未披露	989133	999447

表5-4　信托公司自营资产总额增长序列表(2020年)　单位:万元

序号	公司简称	2020年	2019年	2018年
1	五矿信托	679624	171732	470937
2	山东国信	611200	未披露	70971
3	上海国信	552441	184427	-15170
4	平安信托	502351	429182	-279876
5	江苏国信	464621	278363	738564
6	建信信托	434239	744627	215165

续表

序号	公司简称	2020 年	2019 年	2018 年
7	光大兴陇	412660	293905	516115
8	国投泰康	310702	-10306	91466
9	兴业信托	306097	-13823	-60412
10	华能贵诚	303662	310384	747454
11	华鑫信托	297803	30192	244956
12	陆家嘴信托	286979	-28208	138042
13	中信信托	284911	452197	103091
14	国通信托	196936	未披露	253673
15	中铁信托	193673	102092	30949
16	中建投信托	176167	176826	-23821
17	交银国信	153348	76071	170612
18	国元信托	128278	8432	11917
19	英大信托	117801	89246	299459
20	陕西国信	101438	98465	283114
21	外贸信托	99060	341025	247144
22	北京国信	98182	191239	76761
23	华润信托	96776	236495	146643
24	粤财信托	95858	104851	25045
25	天津信托	90047	57607	120057
26	中融信托	86747	-233942	294475
27	长安国信	85459	135386	46306
28	昆仑信托	78569	56474	14267
29	云南国信	60266	51183	27960
30	紫金信托	57066	43681	-3763
31	吉林信托	54380	2418	5671
32	工商信托	52386	-20610	69454
33	百瑞信托	50888	51113	42219
34	苏州信托	48074	71074	13777
35	厦门国信	47517	123285	12906
36	爱建信托	46029	22131	283527
37	北方国信	45442	29711	57912
38	国联信托	45374	48658	-32402
39	西部信托	43445	82391	-178156
40	大业信托	34804	-26103	29066
41	西藏信托	33891	235676	19496

续表

序号	公司简称	2020年	2019年	2018年
42	安信信托	28843	-232555	-285609
43	国民信托	23644	-37777	-69149
44	湖南信托	19843	-111623	143575
45	浙商金汇	19207	-48353	31738
46	中泰信托	18331	18862	14744
47	东莞信托	11055	-41537	218392
48	山西信托	7914	3532	19505
49	中粮信托	412	25299	-50864
50	中航信托	-4638	113803	354440
51	中海信托	-6962	-7247	-354307
52	华澳信托	-10120	-29856	87040
53	长城新盛	-23767	16368	19439
54	华宸信托	-26933	6771	-9617
55	渤海信托	-36436	178296	2296
56	中原信托	-48005	83790	-48807
57	万向信托	-50119	48364	-17576
58	华宝信托	-52235	53533	-45088
59	金谷信托	-53354	55742	63132
60	民生信托	-87660	-105789	192286
61	中诚信托	-116926	8841	33629
62	重庆国信	-213429	186217	189028
63	华融国信	未披露	89420	299010
64	四川信托	未披露	-10313	131112
65	新时代	未披露	-214697	115778
66	雪松国信	未披露	未披露	-157187
67	华信信托	未披露	18149	-140677
68	新华信托	未披露	-42578	119392

表5-5　信托公司自营资产总额增幅序列表(2020年)　(%)

序号	公司简称	2020年	2019年	2018年
1	国投泰康	30.72	-1.45	14.76
2	陆家嘴信托	30.37	-4.11	25.19
3	山东国信	29.55	未披露	5.50
4	五矿信托	27.16	10.40	39.91
5	华鑫信托	27.01	4.05	49.02

续表

序号	公司简称	2020 年	2019 年	2018 年
6	上海国信	23.13	11.16	-0.91
7	光大兴陇	22.82	26.68	88.15
8	国通信托	19.46	未披露	44.03
9	建信信托	17.00	54.12	18.54
10	江苏国信	16.55	13.48	55.70
11	国元信托	14.95	1.17	1.68
12	平安信托	14.59	17.09	-10.03
13	中建投信托	14.52	20.55	-2.69
14	兴业信托	14.38	-0.75	-3.19
15	云南国信	14.38	16.64	10.00
16	大业信托	12.42	-9.61	11.98
17	中铁信托	11.99	7.73	2.40
18	粤财信托	11.26	16.11	4.00
19	华能贵诚	11.06	14.56	54.00
20	紫金信托	10.93	10.36	-0.88
21	交银国信	10.66	6.29	16.44
22	英大信托	10.63	9.90	49.73
23	天津信托	10.04	7.69	19.08
24	工商信托	9.48	-3.96	15.40
25	中信信托	8.16	16.42	3.89
26	苏州信托	8.09	14.95	2.98
27	北方国信	7.70	5.77	12.66
28	长安国信	7.65	15.12	5.45
29	国联信托	7.52	9.56	-5.98
30	吉林信托	7.49	0.36	0.86
31	浙商金汇	7.13	-16.20	11.90
32	陕西国信	7.10	8.02	29.96
33	国民信托	6.80	-10.45	-16.05
34	北京国信	6.76	16.45	7.07
35	西部信托	6.38	14.83	-24.28
36	西藏信托	6.33	88.71	7.92
37	厦门国信	6.24	20.87	2.23
38	昆仑信托	5.41	4.29	1.09
39	外贸信托	5.11	22.73	19.72
40	百瑞信托	4.84	5.39	4.66

续表

序号	公司简称	2020 年	2019 年	2018 年
41	爱建信托	4. 35	2. 23	40. 12
42	中融信托	3. 86	-9. 77	14. 03
43	中泰信托	3. 72	4. 14	3. 34
44	华润信托	3. 65	10. 20	6. 75
45	山西信托	3. 19	1. 49	8. 99
46	湖南信托	2. 12	-10. 84	16. 20
47	东莞信托	1. 78	-6. 38	50. 49
48	安信信托	1. 63	-11. 78	-12. 63
49	中粮信托	0. 08	5. 40	-9. 80
50	中航信托	-0. 28	7. 40	29. 97
51	中海信托	-0. 99	-1. 01	-33. 05
52	华澳信托	-1. 91	-5. 23	17. 99
53	渤海信托	-2. 36	12. 70	0. 16
54	中原信托	-4. 84	8. 76	-4. 85
55	华宝信托	-5. 18	5. 31	-4. 28
56	中诚信托	-5. 47	0. 39	1. 52
57	民生信托	-6. 58	-6. 93	14. 42
58	重庆国信	-7. 23	6. 25	6. 78
59	金谷信托	-11. 20	11. 77	15. 37
60	万向信托	-12. 95	12. 44	-4. 33
61	长城新盛	-18. 30	11. 92	16. 49
62	华宸信托	-26. 55	5. 57	-7. 33
63	四川信托	未披露	-1. 03	15. 10
64	华融国信	未披露	5. 50	22. 52
65	新时代	未披露	-18. 66	11. 19
66	雪松国信	未披露	未披露	-14. 29
67	华信信托	未披露	1. 49	-10. 34
68	新华信托	未披露	-5. 47	18. 12

表 5-6　　信托公司净资产序列表(2020 年)　　单位:万元

序号	公司简称	2020 年	2019 年	2018 年
1	中信信托	3045124	2968253	2427288
2	重庆国信	2637632	2485667	2247209
3	平安信托	2633800	2330436	2071331
4	华润信托	2484144	2210242	1969872

续表

序号	公司简称	2020 年	2019 年	2018 年
5	华能贵诚	2301869	2043079	1845099
6	五矿信托	2246787	1385372	1236204
7	江苏国信	2230713	2048618	1779080
8	上海国信	2092948	1522758	1360449
9	建信信托	2065076	1977686	1287651
10	中融信托	1906142	1831537	1720839
11	外贸信托	1898343	1771665	1258865
12	中诚信托	1844775	1764113	1682380
13	兴业信托	1782981	1668817	1577013
14	光大兴陇	1466757	1071113	897176
15	昆仑信托	1398599	1320232	1283269
16	中航信托	1392165	1280975	1179449
17	渤海信托	1322466	1313421	1203324
18	交银国信	1320707	1210003	1103281
19	陕西国信	1179505	1097736	1041486
20	百瑞信托	1023378	926385	779454
21	山东国信	1017500	未披露	954069
22	民生信托	994075	1095998	1075551
23	北京国信	990785	926193	872069
24	中铁信托	981168	905696	860505
25	英大信托	980407	941233	844268
26	华宝信托	938514	916383	779474
27	华鑫信托	912066	616366	653712
28	国投泰康	911277	653637	553373
29	中原信托	905729	883281	841233
30	中建投信托	884137	834455	739705
31	爱建信托	830803	744042	648856
32	粤财信托	820066	721762	627250
33	国元信托	818968	694661	656127
34	长安国信	781370	746668	650655
35	湖南信托	711503	697647	751529
36	陆家嘴信托	667796	552549	485564
37	国通信托	650193	未披露	555108
38	中海信托	629411	633979	627648
39	天津信托	622272	573006	513789

续表

序号	公司简称	2020年	2019年	2018年
40	东莞信托	578592	565774	541783
41	西部信托	564971	530111	455372
42	国联信托	555105	513101	468153
43	厦门国信	550939	530570	502474
44	苏州信托	541510	489923	428464
45	北方国信	500214	469285	434809
46	西藏信托	495606	464362	224493
47	中泰信托	472220	455253	435122
48	工商信托	472031	428468	396970
49	中粮信托	468178	438101	425482
50	华澳信托	455581	413136	382518
51	紫金信托	451033	406410	382469
52	金谷信托	415484	404358	401298
53	吉林信托	398771	401763	363477
54	云南国信	334208	302257	261932
55	万向信托	311316	363716	293885
56	国民信托	303371	274918	256000
57	大业信托	246450	195716	184974
58	浙商金汇	228201	211042	206967
59	山西信托	187777	193038	190889
60	长城新盛	104784	114605	91544
61	安信信托	96587	769631	1205035
62	华宸信托	94176	106950	99135
63	华信信托	未披露	1228925	1205708
64	华融国信	未披露	875077	924424
65	雪松国信	未披露	未披露	744689
66	新时代	未披露	861616	845298
67	四川信托	未披露	801230	750405
68	新华信托	未披露	596072	594546

表5-7　信托公司净资产增长序列表(2020年)　单位:万元

序号	公司简称	2020年	2019年	2018年
1	五矿信托	861415	149168	98336
2	上海国信	570190	162309	133623
3	光大兴陇	395644	173938	395187

续表

序号	公司简称	2020 年	2019 年	2018 年
4	平安信托	303264	259105	-320111
5	华鑫信托	295700	-37345	202084
6	华润信托	269986	240371	123402
7	华能贵诚	258789	197981	623646
8	国投泰康	257640	100264	43631
9	江苏国信	182094	269538	641241
10	重庆国信	151965	238458	203031
11	外贸信托	126678	512800	363599
12	国元信托	124307	38534	12273
13	陆家嘴信托	115247	66986	103020
14	兴业信托	114164	91803	98500
15	中航信托	111190	101526	204857
16	交银国信	110703	106722	101745
17	粤财信托	98305	94512	63079
18	百瑞信托	96993	146931	78004
19	建信信托	87390	690035	182129
20	爱建信托	86762	95186	199170
21	陕西国信	81768	56251	248373
22	中诚信托	80662	81733	24579
23	昆仑信托	78367	36964	22389
24	中信信托	76870	540966	277970
25	中铁信托	75472	45190	95367
26	中融信托	74605	110698	133671
27	北京国信	64592	54125	44442
28	苏州信托	51587	61459	18291
29	大业信托	50734	10742	3528
30	中建投信托	49682	94750	72672
31	天津信托	49266	59217	58038
32	国通信托	44623	未披露	64792
33	紫金信托	44623	23941	19251
34	工商信托	43563	31498	28665
35	华澳信托	42445	30618	41042
36	国联信托	42004	44948	-14080
37	英大信托	39174	96965	233663
38	山东国信	36500	未披露	39315

续表

序号	公司简称	2020年	2019年	2018年
39	西部信托	34860	74739	-110436
40	长安国信	34702	96013	-8140
41	云南国信	31951	40325	29571
42	西藏信托	31244	239870	2812
43	北方国信	30928	34476	5691
44	中粮信托	30077	12619	-34287
45	国民信托	28452	18918	11903
46	中原信托	22449	42048	36567
47	华宝信托	22131	136909	58275
48	厦门国信	20369	28096	17703
49	中泰信托	16967	20131	12322
50	湖南信托	13855	-53882	64462
51	东莞信托	12818	23991	142605
52	金谷信托	11127	3060	16765
53	浙商金汇	10648	4075	15443
54	渤海信托	9045	110097	48938
55	吉林信托	-2992	38286	-19424
56	中海信托	-4568	6331	153013
57	山西信托	-5260	2148	-5434
58	长城新盛	-9821	23061	24498
59	华宸信托	-12773	7815	-17876
60	万向信托	-52400	69831	50549
61	民生信托	-101923	20447	-29202
62	安信信托	-673044	-435404	-414113
63	华融国信	未披露	-49347	-37640
64	四川信托	未披露	50826	59076
65	新时代	未披露	16319	37250
66	新华信托	未披露	1526	-8469
67	雪松国信	未披露	未披露	-125857
68	华信信托	未披露	23218	30977

表5-8　信托公司净资产增幅序列表（2020年）　（%）

序号	公司简称	2020年	2019年	2018年
1	五矿信托	38.34	12.07	8.64
2	华鑫信托	32.42	-5.71	44.75

续表

序号	公司简称	2020 年	2019 年	2018 年
3	国投泰康	28.27	18.12	8.56
4	上海国信	27.24	11.93	10.89
5	光大兴陇	26.97	19.39	78.72
6	大业信托	20.59	5.81	1.94
7	陆家嘴信托	17.26	13.80	26.93
8	国元信托	15.18	5.87	1.91
9	粤财信托	11.99	15.07	11.18
10	平安信托	11.51	12.51	-13.39
11	华能贵诚	11.24	10.73	51.06
12	华润信托	10.87	12.20	6.68
13	爱建信托	10.44	14.67	44.29
14	紫金信托	9.89	6.26	5.30
15	云南国信	9.56	15.40	12.73
16	苏州信托	9.53	14.34	4.46
17	百瑞信托	9.48	18.85	11.12
18	国民信托	9.38	7.39	4.88
19	华澳信托	9.32	8.00	12.02
20	工商信托	9.23	7.93	7.78
21	交银国信	8.38	9.67	10.16
22	江苏国信	8.16	15.15	56.36
23	中航信托	7.99	8.61	21.02
24	天津信托	7.92	11.53	12.73
25	中铁信托	7.69	5.25	12.46
26	国联信托	7.57	9.60	-2.92
27	陕西国信	6.93	5.40	31.32
28	国通信托	6.86	未披露	13.21
29	外贸信托	6.67	40.74	40.61
30	北京国信	6.52	6.21	5.37
31	中粮信托	6.42	2.97	-7.46
32	兴业信托	6.40	5.82	6.66
33	西藏信托	6.30	106.85	1.27
34	北方国信	6.18	7.93	1.33
35	西部信托	6.17	16.41	-19.52
36	重庆国信	5.76	10.61	9.93
37	中建投信托	5.62	12.81	10.89

续表

序号	公司简称	2020年	2019年	2018年
38	昆仑信托	5.60	2.88	1.78
39	浙商金汇	4.67	1.97	8.06
40	长安国信	4.44	14.76	-1.24
41	中诚信托	4.37	4.86	1.48
42	建信信托	4.23	53.59	16.47
43	英大信托	4.00	11.49	38.27
44	中融信托	3.91	6.43	8.42
45	厦门国信	3.70	5.59	3.65
46	中泰信托	3.59	4.63	2.91
47	山东国信	3.59	未披露	4.30
48	金谷信托	2.68	0.76	4.36
49	中信信托	2.52	22.29	12.93
50	中原信托	2.48	5.00	4.54
51	华宝信托	2.36	17.56	8.08
52	东莞信托	2.22	4.43	35.72
53	湖南信托	1.95	-7.17	9.38
54	渤海信托	0.68	9.15	4.24
55	中海信托	-0.73	1.01	32.24
56	吉林信托	-0.75	10.53	-5.07
57	山西信托	-2.80	1.13	-2.77
58	长城新盛	-9.37	25.19	36.54
59	民生信托	-10.25	1.90	-2.64
60	华宸信托	-13.56	7.88	-15.28
61	万向信托	-16.83	23.76	20.77
62	安信信托	-696.83	-36.13	-25.58
63	华融国信	未披露	-5.34	-3.91
64	四川信托	未披露	6.77	8.55
65	新时代	未披露	1.93	4.61
66	新华信托	未披露	0.26	-1.40
67	雪松国信	未披露	未披露	-14.46
68	华信信托	未披露	1.93	2.64

自2004年以来，信托公司平均自营资产负债率连续10年基本呈逐年下降趋势，2012年为11.45%，2013年为11.35%，2014年为11.21%。从2015年开始，信托行业的自营财务杠杆又开始逐年上升，2015年信托公司平均自营资产负债率为

18.00%，2016 年该指标上升至 19.51%，2017 年进一步上升至 20.38%，2018 年与 2017 年基本持平，为 20.29%，2019 年下降至 17.17%，2020 年该指标上升至 17.81%。全行业最高的资产负债率出现在 2004 年，曾经达到 81.42%，之后逐年下降，在 2012 年已经下降到 33.70%，2013 年有所上升，达到 45.97%，2014 年下降至 40.83%，2015 年回升至 47.62%，2016 年上升至 58.58%，2017 年为 55.72%，2018 年为 45.66%，2019 年为 55.83%，2020 年升至 94.55%。从全行业自营资产负债率分布的离散程度来看，变异系数自 2008 年以来逐年下降，2013 年上升到 0.82，2014 年下降至 0.74，2015 年下降至 0.57，2016 年为 0.58，2017 年下降至 0.55，2018 年保持下降态势，为 0.49，2019 年上升至 0.60，2020 年进一步上升至 0.80（见表 5－9）。

表 5－9　2016—2020 年信托公司自营资产负债率统计分析

项目	2016 年	2017 年	2018 年	2019 年	2020 年
平均值（%）	19.51	20.38	20.29	17.17	17.81
平均值增长（%）	1.51	0.87	－0.29	－2.93	0.64
公司数目（家）	68	68	68	65	60
最大值（%）	58.58	55.72	45.66	55.83	94.55
最小值（%）	1.25	1.59	1.13	0.70	2.17
标准差（%）	11.31	11.21	9.89	10.32	14.24
变异系数	0.58	0.55	0.49	0.60	0.80

自营资产负债率最大的 5 家公司分别为安信信托（94.55%）、山东国信（50.81%）、吉林信托（45.05%）、中铁信托（39.28%）和国通信托（35.76%）；自营资产负债率最小的 5 家公司分别为外贸信托（2.17%）、百瑞信托（2.64%）、粤财信托（3.70%）、昆仑信托（3.72%）和中泰信托（4.23%）（见表 5－10、表 5－11）。

表 5－10　信托公司资产负债率序列表（2020 年）　（%）

序号	公司简称	2020 年	2019 年	2018 年
1	安信信托	94.55	55.83	38.98
2	山东国信	50.81	未披露	29.91
3	吉林信托	45.05	40.15	45.66
4	中铁信托	39.28	36.31	34.81
5	国通信托	35.76	未披露	33.11
6	北京国信	31.75	31.57	24.97

续表

序号	公司简称	2020年	2019年	2018年
7	天津信托	30.63	28.99	31.43
8	长安国信	30.01	27.58	27.35
9	陆家嘴信托	29.32	16.00	29.22
10	厦门国信	27.64	25.68	14.92
11	中建投信托	27.15	19.57	14.05
12	民生信托	25.40	22.83	29.52
13	山西信托	24.25	19.55	19.26
14	湖南信托	24.16	24.03	27.03
15	平安信托	23.49	20.74	17.51
16	爱建信托	21.50	26.50	34.47
17	江苏国信	20.54	12.56	13.82
18	云南国信	20.26	15.77	14.86
19	万向信托	19.53	16.77	24.38
20	长城新盛	19.34	25.42	33.33
21	建信信托	19.17	6.73	6.41
22	光大兴陇	18.88	23.24	18.56
23	陕西国信	17.39	17.24	15.18
24	华鑫信托	17.29	20.46	12.22
25	西部信托	17.08	16.90	18.03
26	兴业信托	16.22	8.41	14.10
27	华能贵诚	16.16	16.33	13.44
28	中航信托	15.43	22.40	23.26
29	北方国信	15.28	13.90	15.62
30	浙商金汇	15.27	15.62	30.66
31	中融信托	15.14	15.19	28.10
32	工商信托	14.54	14.30	23.74
33	渤海信托	14.44	16.98	14.28
34	华澳信托	14.18	23.63	32.99
35	中诚信托	13.72	21.77	25.11
36	紫金信托	13.63	12.63	9.26
37	中信信托	12.75	7.40	11.84
38	金谷信托	12.75	23.64	15.30
39	国民信托	12.69	15.10	29.20
40	上海国信	12.38	17.07	17.64
41	大业信托	12.08	20.29	31.90

续表

序号	公司简称	2020 年	2019 年	2018 年
42	英大信托	11.57	5.01	6.37
43	重庆国信	10.63	21.46	24.55
44	中海信托	10.52	10.75	12.53
45	五矿信托	10.21	23.99	25.12
46	国投泰康	9.91	6.73	22.18
47	苏州信托	8.91	10.34	9.86
48	中原信托	8.73	15.10	12.06
49	交银国信	8.16	5.82	8.72
50	国联信托	7.95	7.99	8.03
51	西藏信托	7.40	7.38	15.50
52	华宸信托	7.18	16.70	18.49
53	华宝信托	6.94	13.61	22.61
54	东莞信托	6.75	7.16	16.77
55	华润信托	6.31	13.48	15.02
56	中粮信托	5.20	11.21	9.11
57	国元信托	4.55	4.80	9.03
58	中泰信托	4.23	4.10	4.55
59	昆仑信托	3.72	3.92	2.60
60	粤财信托	3.70	4.49	3.63
61	百瑞信托	2.64	7.38	17.88
62	外贸信托	2.17	3.78	16.09
63	华融国信	未披露	49.01	43.17
64	新时代	未披露	7.93	26.53
65	雪松国信	未披露	未披露	20.98
66	四川信托	未披露	19.00	24.92
67	华信信托	未披露	0.70	1.13
68	新华信托	未披露	18.99	23.62

表 5－11　　信托公司资产负债率增长序列表(2020 年)　　(%)

序号	公司简称	2020 年	2019 年	2018 年
1	安信信托	38.72	16.85	10.61
2	山东国信	18.13	未披露	0.81
3	陆家嘴信托	13.32	－13.22	－0.97
4	建信信托	12.43	0.32	1.66
5	国通信托	10.04	未披露	18.21

续表

序号	公司简称	2020年	2019年	2018年
6	江苏国信	7.99	-1.27	-0.36
7	兴业信托	7.81	-5.69	-7.93
8	中建投信托	7.58	5.52	-10.53
9	英大信托	6.56	-1.35	4.77
10	中信信托	5.36	-4.44	-7.06
11	吉林信托	4.90	-5.51	3.39
12	山西信托	4.69	0.29	9.76
13	云南国信	4.49	0.91	-2.06
14	国投泰康	3.18	-15.45	4.45
15	中铁信托	2.96	1.50	-5.83
16	万向信托	2.76	-7.61	-15.72
17	平安信托	2.76	3.23	3.20
18	民生信托	2.57	-6.69	12.35
19	长安国信	2.44	0.23	4.92
20	交银国信	2.34	-2.90	5.20
21	浙商金汇	2.25	-15.04	2.46
22	厦门国信	1.96	10.76	-1.16
23	天津信托	1.64	-2.44	3.86
24	北方国信	1.39	-1.73	9.44
25	紫金信托	1.00	3.37	-5.33
26	工商信托	0.24	-9.44	5.39
27	西部信托	0.18	-1.13	-4.85
28	北京国信	0.18	6.60	1.21
29	陕西国信	0.15	2.06	-0.87
30	湖南信托	0.13	-3.00	4.55
31	中泰信托	0.12	-0.45	0.40
32	西藏信托	0.03	-8.12	5.55
33	国联信托	-0.04	-0.03	-2.90
34	中融信托	-0.05	-12.92	3.72
35	华能贵诚	-0.17	2.89	1.69
36	昆仑信托	-0.20	1.31	-0.65
37	中海信托	-0.23	-1.78	-43.19
38	国元信托	-0.26	-4.23	-0.20
39	东莞信托	-0.41	-9.61	9.05
40	粤财信托	-0.79	0.87	-6.22

续表

序号	公司简称	2020 年	2019 年	2018 年
41	苏州信托	-1.43	0.48	-1.27
42	外贸信托	-1.62	-12.31	-12.47
43	国民信托	-2.41	-14.10	-14.13
44	渤海信托	-2.54	2.70	-3.35
45	光大兴陇	-4.36	4.69	4.30
46	上海国信	-4.69	-0.57	-8.77
47	百瑞信托	-4.74	-10.49	-4.78
48	爱建信托	-5.00	-7.97	-1.89
49	中粮信托	-6.02	2.10	-2.30
50	长城新盛	-6.08	-7.90	-9.79
51	华鑫信托	-6.13	8.24	2.59
52	中原信托	-6.37	3.04	-7.91
53	华宝信托	-6.67	-9.00	-8.85
54	中航信托	-6.97	-0.86	5.68
55	华润信托	-7.02	-1.54	0.06
56	中诚信托	-8.05	-3.33	0.03
57	大业信托	-8.20	-11.62	6.71
58	华澳信托	-9.45	-9.36	3.57
59	华宸信托	-9.52	-1.79	7.65
60	重庆国信	-10.83	-3.10	-2.17
61	金谷信托	-10.89	8.34	8.94
62	五矿信托	-13.78	-1.13	21.55
63	四川信托	未披露	-5.92	4.53
64	华信信托	未披露	-0.43	-12.50
65	雪松国信	未披露	未披露	0.15
66	新时代	未披露	-18.60	4.62
67	华融国信	未披露	5.84	15.63
68	新华信托	未披露	-4.63	15.12

二、自营资产规模的公司分析

从自营资产规模排名来看,2020 年自营资产规模最大的信托公司前 5 名分别为:中信信托(3490287 万元)、平安信托(3442460 万元)、重庆国信(2951323 万元)、江苏国信(2807426 万元)和华能贵诚(2745623 万元)。

同时可以发现,2013 年自营资产规模达到 20 亿元以上的公司有 52 家,2014 年增至 56 家,2015 年增至 63 家,2016 年达到 65 家,2017 年维持在 65 家,2018 年达到 66 家,2019 年降至 63 家,2020 年降至 60 家。2005 年以来,平安信托的自营资产规模一直排名行业第 1;2008—2010 年,平安信托是唯一一家自营资产规模超过 100 亿元的信托公司;2011 年,中诚信托和华润信托的自营资产规模也超过 100 亿元;2012 年,中信信托自营资产规模破百亿元;2014 年,平安信托和中信信托资产总额均超过 200 亿元;2020 年,资产总额超过 200 亿元的公司已达 13 家。

从自营资产规模增幅来看,2020 年自营资产规模增幅排名前 5 的公司分别为国投泰康(30.72%)、陆家嘴信托(30.37%)、山东国信(29.55%)、五矿信托(27.16%)和华鑫信托(27.01%)。另外,这一年自营资产规模出现下滑的公司已达到 13 家。

第二节 自营资产分布

一、自营资产分布的行业分析

信托公司的自营资产分为基础产业资产、房地产业资产、证券业资产、实业资产、金融业等五大行业类别。2016—2020 年信托公司自营资产的行业分布如图 5-1 所示。

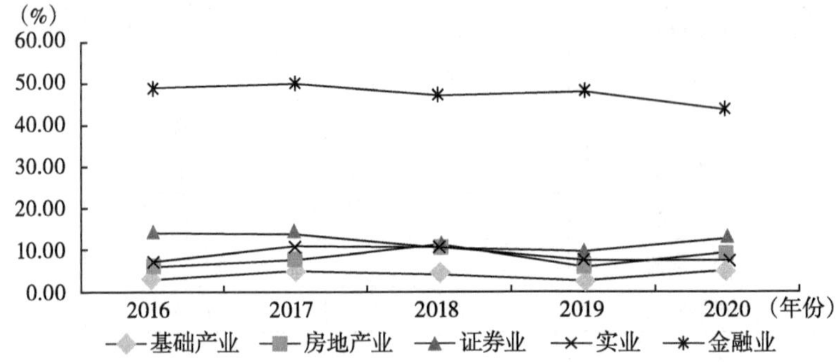

图 5-1 2016—2020 年信托公司自营资产的行业分布

从图 5-1 中可以发现,2016 年自营资产在实业的分布比例有所上升,升至 7.41%,2017 年持续上升到 10.92%,2018 年则小幅下降至 10.66%,2019 年大幅下降至 7.73%,2020 年该指标小幅上升至 7.89%。

基础产业资产比例在 2016 年小幅回升至 3.08%,2017 年达到 5.41%,2018 年又小幅回落至4.19%,2019年继续下降至2.66%,2020年基础产业资产比例上升至5.15%,这可能表明信托行业回归本源,服务实体的趋势开始逐渐展现。

房地产业资产比例变化相对平缓,2016年缓慢回升至6.29%,2017年达到8.02%,2018年则大幅回升至11.06%,2019年大幅回落至6.16%,2020年该指标有所回暖,上升至9.10%。

证券业资产比例在2016年及2017年都出现了小幅下降,2016年为14.44%,2017年下降至13.85%,2018年继续下降至10.82%,2019年下降至9.92%,2020年该指标上升至12.90%。

自2009年以来所获金融机构资产数据显示,在自营资产中,金融业资产比例一直是各种资产中最高的。2014年该指标为23.30%,2015年大幅增加至45.37%,2016年继续上升到48.91%,2017年更是达到50.00%,2018年则小幅下降至47.10%,2019年小幅上升至48.24%,2020年该指标出现了明显的下滑,降至43.45%。

2016—2020年信托公司自营资产行业分布描述性统计见表5-12。

表5-12　　2016—2020年信托公司自营资产行业分布统计分析

项目		2016年	2017年	2018年	2019年	2020年
披露公司数目(家)		66	65	51	49	58
基础产业资产	平均规模(万元)	10754	45539	36287	34444	446242
	平均占比(%)	3.08	5.41	4.19	2.66	5.15
	该值为0的公司数(家)	28	10	6	35	11
	占比最大值(%)	48.00	34.60	20.02	21.44	25.74
	占比最小值(%)	0	0	0	0	0
	占比标准差(%)	7.77	7.70	5.62	5.01	6.48
	占比变异系数	2.52	1.42	1.34	1.89	1.26
房地产业资产	平均规模(万元)	38283	87461	119376	77140	338349
	平均占比(%)	6.29	8.02	11.06	6.16	9.10
	该值为0的公司数(家)	17	6	3	32	11
	占比最大值(%)	51.38	41.00	49.78	47.30	58.10
	占比最小值(%)	0	0	0	0	0
	占比标准差(%)	9.90	10.92	12.57	10.42	12.67
	占比变异系数	1.57	1.24	1.14	1.69	1.39

续表

项目		2016年	2017年	2018年	2019年	2020
证券业资产	平均规模(万元)	112893	126913	110983	109529	170797
	平均占比(%)	14.44	13.85	10.82	9.92	12.90
	该值为0的公司数(家)	2	1	0	8	2
	占比最大值(%)	81.97	68.31	58.60	58.92	52.88
	占比最小值(%)	0	0	0.04	0	0
	占比标准差(%)	16.83	14.71	12.52	12.99	13.19
	占比变异系数	1.17	1.06	1.16	1.31	1.02
实业资产	平均规模(万元)	53068	438570	103829	91563	103549
	平均占比(%)	7.41	10.92	10.66	7.73	7.89
	该值为0的公司数(家)	19	8	5	27	12
	占比最大值(%)	56.02	66.05	77.06	79.25	55.49
	占比最小值(%)	0	0	0	0	0
	占比标准差(%)	12.76	16.74	17.61	17.03	13.30
	占比变异系数	1.72	1.53	1.65	2.20	1.68
金融业	平均规模(万元)	397058	494508	487636	560221	658819
	平均占比(%)	48.91	50.00	47.10	48.24	43.45
	该值为0的公司数(家)	0	0	0	0	0
	占比最大值(%)	98.42	97.26	98.36	97.92	98.76
	占比最小值(%)	1.82	2.64	0.35	1.18	0.00
	占比标准差(%)	29.62	28.75	30.80	30.91	31.23
	占比变异系数	0.61	0.57	0.65	0.64	0.72

二、自营资产分布的公司分析

具体数据如表5-13至表5-25所示。

表5-13　　2020年信托公司各项自营资产比例最大的前3名

项目	第1名	第2名	第3名
基础产业资产	国元信托 (25.74%)	国通信托 (16.90%)	国联信托 (15.70%)
房地产业资产	万向信托 (58.10%)	中诚信托 (41.52%)	交银国信 (39.37%)
证券业资产	吉林信托 (52.88%)	西部信托 (51.01%)	中融信托 (38.26%)

续表

项目	第1名	第2名	第3名
实业资产	北京国信（55.49%）	渤海信托（45.32%）	百瑞信托（29.24%）
金融机构	粤财信托（98.76%）	江苏国信（94.92%）	华宝信托（92.99%）

注：公司名称后括号中数字为该行业资产占比。

表5-14　2020年各项自营资产规模最大的前3名

项目	第1名	第2名	第3名
基础产业资产	国通信托（2993399）	平安信托（1871880）	万向信托（1173052）
房地产业资产	中诚信托（887879）	交银国信（720453）	平安信托（592960）
证券业资产	中融信托（1092762）	外贸信托（612127）	华能贵诚（558355）
实业资产	北京国信（824416）	渤海信托（700485）	平安信托（456422）
金融机构	平安信托（5664643）	江苏国信（2664846）	重庆国信（2401227）

注：公司名称后括号中资产规模单位为万元。

表5-15　信托公司自营资产分布金融机构资产序列表（2020年）　单位：万元

序号	公司简称	2020年	2019年	2018年
1	平安信托	5664644	2287126	1965067
2	江苏国信	2664846	2217762	1964435
3	重庆国信	2401227	2694631	2535189
4	五矿信托	2292514	1611920	未披露
5	华能贵诚	2091122	2072819	1807017
6	华润信托	1652171	1375564	1293502
7	上海国信	1503035	1556259	1403923
8	万向信托	1152521	130110	193676
9	国通信托	1016684	未披露	未披露
10	中诚信托	945461	938195	1181579
11	华宝信托	937885	973057	未披露
12	中建投信托	879231	651310	471361
13	粤财信托	841046	740009	640176

续表

序号	公司简称	2020年	2019年	2018年
14	华鑫信托	831772	566031	未披露
15	中原信托	796308	846544	703010
16	光大信托	764630	396787	173902
17	中铁信托	704598	509538	450858
18	建信信托	692007	772427	未披露
19	英大信托	688169	747051	875912
20	渤海信托	683954	417430	384803
21	天津信托	614404	420125	377935
22	国元信托	549037	482400	482678
23	中信信托	470625	435256	未披露
24	中海信托	431965	395017	396071
25	北京国信	424621	430791	484820
26	紫金信托	420767	411000	378641
27	工商信托	416281	344458	382758
28	金谷信托	409866	434058	341478
29	苏州信托	387565	415486	363033
30	西藏信托	367889	354844	103190
31	陕西国信	334719	未披露	未披露
32	中航信托	332113	830408	未披露
33	国联信托	306418	290586	264331
34	国民信托	283899	249411	未披露
35	长安国信	280280	203860	448047
36	中粮信托	275470	293483	未披露
37	中融信托	245635	290775	254763
38	西部信托	231116	269692	263586
39	大业信托	229005	未披露	未披露
40	中泰信托	215658	204930	200892
41	北方国信	194493	220593	234446
42	爱建信托	185691	101410	136169
43	浙商金汇	154833	176556	191158
44	吉林信托	137854	89611	105722
45	长城新盛	117867	148487	108518
46	百瑞信托	115710	54773	7580
47	厦门国信	113768	104275	411739
48	兴业信托	113395	113516	58145

续表

序号	公司简称	2020 年	2019 年	2018 年
49	昆仑信托	112971	114000	76050
50	外贸信托	106044	95523	115772
51	民生信托	92589	241717	未披露
52	国投信托	70832	75318	59171
53	华宸信托	56506	86395	74053
54	山西信托	52355	66475	60247
55	华澳信托	49700	20000	2000
56	东莞信托	47282	48478	26879
57	交银国信	32000	32000	32000
58	陆家嘴信托	26465	7757	10631
59	华信信托	未披露	841097	未披露
60	安信信托	未披露	未披露	未披露
61	雪松国信	未披露	未披露	728975
62	云南国信	未披露	未披露	未披露
63	新时代信托	未披露	808842	808842
64	华融国信	未披露	1567734	未披露
65	湖南信托	未披露	未披露	未披露
66	山东国信	未披露	未披露	未披露
67	新华信托	未披露	42705	53104
68	四川信托	未披露	294840	300945

表 5－16　　信托公司自营资产分布金融机构资产占比序列表（2020 年）　　（%）

序号	公司简称	2020 年	2019 年	2018 年
1	粤财信托	98.76	97.92	98.36
2	江苏国信	94.92	94.66	95.16
3	华宝信托	92.99	91.73	未披露
4	五矿信托	91.62	88.44	未披露
5	长城新盛	90.22	未披露	79.03
6	金谷信托	86.08	81.97	72.08
7	重庆国信	81.76	85.15	85.12
8	国民信托	81.71	77.02	未披露
9	大业信托	81.69	未披露	未披露
10	紫金信托	80.57	88.36	89.84
11	上海国信	76.92	84.75	84.99
12	华能贵诚	76.16	84.88	84.77

续表

序号	公司简称	2020年	2019年	2018年
13	华鑫信托	75.43	73.05	未披露
14	工商信托	75.37	68.90	73.53
15	中建投信托	72.45	62.78	54.77
16	西藏信托	68.73	70.78	38.83
17	天津信托	68.50	52.07	50.44
18	苏州信托	63.16	73.42	73.18
19	华润信托	62.31	53.85	55.80
20	国元信托	62.29	64.06	64.83
21	英大信托	62.07	75.39	97.14
22	中海信托	61.41	55.61	55.19
23	中粮信托	59.48	59.48	未披露
24	浙商金汇	57.49	70.59	78.09
25	华宸信托	55.69	67.29	60.89
26	渤海信托	44.25	26.39	27.42
27	中诚信托	44.22	41.60	52.60
28	中泰信托	43.74	43.17	44.07
29	中铁信托	43.61	35.83	34.15
30	光大信托	42.29	28.43	15.79
31	西部信托	33.92	42.28	47.45
32	北方国信	32.29	39.74	45.50
33	北京国信	28.58	31.19	40.97
34	建信信托	27.09	36.43	未披露
35	长安国信	25.10	19.77	50.03
36	陕西国信	23.44	未披露	未披露
37	山西信托	21.12	27.70	25.48
38	中航信托	20.01	49.81	未披露
39	吉林信托	19.00	13.35	15.81
40	爱建信托	17.40	9.97	13.67
41	厦门国信	14.94	14.54	69.71
42	平安信托	14.49	77.79	78.26
43	中信信托	13.00	14.00	未披露
44	百瑞信托	11.01	5.48	0.80
45	万向信托	10.73	29.77	49.83
46	华澳信托	9.36	3.70	0.35
47	中融信托	8.60	10.53	8.29

续表

序号	公司简称	2020 年	2019 年	2018 年
48	昆仑信托	7.78	8.30	5.77
49	东莞信托	7.62	7.95	4.13
50	国投信托	7.00	11.00	8.32
51	民生信托	6.95	17.02	未披露
52	国通信托	5.74	未披露	未披露
53	外贸信托	5.46	5.19	7.72
54	兴业信托	5.33	6.23	3.17
55	陆家嘴信托	2.80	1.18	1.55
56	交银国信	1.75	2.48	2.64
57	国联信托	0.00	52.11	51.93
58	华信信托	未披露	67.97	未披露
59	安信信托	未披露	未披露	未披露
60	雪松国信	未披露	未披露	未披露
61	云南国信	未披露	未披露	未披露
62	新时代	未披露	未披露	未披露
63	华融国信	未披露	91.34	未披露
64	四川信托	未披露	29.81	未披露
65	湖南信托	未披露	未披露	未披露
66	山东国信	未披露	未披露	未披露
67	新华信托	未披露	5.80	6.82
68	中原信托	未披露	81.37	73.49

表 5－17　信托公司自营资产分布金融机构增长序列表（2020 年）　单位：万元

序号	公司简称	2020 年	2019 年	2018 年
1	平安信托	2332981	322059	－199426
2	万向信托	1022410	－63565	－60645
3	五矿信托	680593	未披露	未披露
4	江苏国信	447084	253327	682664
5	光大信托	367843	222886	－36482
6	华润信托	276607	82063	－2241
7	渤海信托	266524	32627	－264564
8	华鑫信托	265741	未披露	未披露
9	中建投信托	227921	179949	－327836
10	中铁信托	195060	58680	31353
11	天津信托	194279	42190	134322

续表

序号	公司简称	2020 年	2019 年	2018 年
12	粤财信托	101037	99833	25383
13	爱建信托	84281	-34759	-125327
14	长安国信	76419	-244187	29093
15	工商信托	71823	-38300	97375
16	国元信托	66638	-279	-28365
17	百瑞信托	60937	47193	-23583
18	吉林信托	48243	-16111	16705
19	中海信托	36948	-1053	-158139
20	中信信托	35368	未披露	未披露
21	国民信托	34488	未披露	未披露
22	华澳信托	29700	18000	-39259
23	陆家嘴信托	18708	-2874	-3864
24	华能贵诚	18302	265802	535744
25	国联信托	15832	26255	-42584
26	西藏信托	13045	251654	-7163
27	中泰信托	10728	4038	3664
28	外贸信托	10521	-20250	-13856
29	紫金信托	9766	32359	13766
30	厦门国信	9493	-307464	333367
31	中诚信托	7266	-243384	-105064
32	交银国信	0	0	-117189
33	兴业信托	-121	55371	-48312
34	昆仑信托	-1029	37950	20800
35	东莞信托	-1195	21599	5580
36	国投信托	-4486	16147	0
37	北京国信	-6170	-54029	未披露
38	山西信托	-14120	6228	-1899
39	中粮信托	-18013	未披露	未披露
40	浙商金汇	-21723	-14601	-17124
41	金谷信托	-24192	92580	15124
42	北方国信	-26100	-13853	43375
43	苏州信托	-27921	52453	39686
44	华宸信托	-29888	12342	48837
45	长城新盛	-30620	39969	-5527
46	华宝信托	-35172	未披露	未披露

续表

序号	公司简称	2020 年	2019 年	2018 年
47	西部信托	-38576	6106	-23942
48	中融信托	-45140	36012	-45563
49	中原信托	-50236	143534	80239
50	上海国信	-53224	152336	-87829
51	英大信托	-58882	-128861	283022
52	建信信托	-80420	未披露	未披露
53	民生信托	-149129	未披露	未披露
54	重庆国信	-293404	159442	301110
55	中航信托	-498295	未披露	未披露
56	国通信托	未披露	未披露	未披露
57	陕西国信	未披露	未披露	未披露
58	大业信托	未披露	未披露	未披露
59	华信信托	未披露	未披露	未披露
60	安信信托	未披露	未披露	未披露
61	雪松国信	未披露	未披露	-254506
62	云南国信	未披露	未披露	未披露
63	新时代	未披露	0	201923
64	华融国信	未披露	未披露	未披露
65	湖南信托	未披露	未披露	未披露
66	山东国信	未披露	未披露	未披露
67	新华信托	未披露	-10398	-6029
68	四川信托	未披露	-6104	21243

表 5-18　信托公司自营资产分布基础产业资产序列表(2020 年)　单位:万元

序号	公司简称	2020 年	2019 年	2018 年
1	国通信托	2993399	未披露	2993399
2	平安信托	1871880	432026	1871880
3	万向信托	1173052	未披露	1173052
4	国联信托	1096298	76095	1096298
5	中信信托	410048	145662	410048
6	建信信托	376203	51886	376203
7	交银国信	252205	未披露	252205
8	国元信托	226900	184250	226900
9	爱建信托	159011	未披露	159011
10	陕西国信	145931	未披露	145931

续表

序号	公司简称	2020年	2019年	2018年
11	陆家嘴信托	99888	未披露	99888
12	外贸信托	94003	187973	94003
13	中海信托	58600	93805	58600
14	中诚信托	45291	211957	45291
15	天津信托	41690	218276	41690
16	北京国信	38850	281714	38850
17	中航信托	38122	未披露	38122
18	兴业信托	32466	56777	32466
19	昆仑信托	22956	64343	22956
20	民生信托	22892	未披露	22892
21	华澳信托	15000	未披露	15000
22	北方国信	6500	93808	6500
23	华宸信托	4496	59597	4496
24	渤海信托	4488	未披露	4488
25	中建投信托	3762	未披露	3762
26	中融信托	3052	35601	3052
27	英大信托	1940	59902	1940
28	五矿信托	0	未披露	8164516
29	西部信托	0	66789	0
30	中粮信托	0	未披露	0
31	紫金信托	0	未披露	0
32	长城新盛	0	未披露	0
33	厦门国信	0	101122	0
34	华鑫信托	0	未披露	0
35	江苏国信	0	260082	0
36	工商信托	0	49176	0
37	云南国信	0	41539	0
38	中铁信托	0	未披露	0
39	浙商金汇	0	未披露	0
40	华信信托	未披露	65840	未披露
41	国民信托	未披露	58278	未披露
42	华宝信托	未披露	126606	未披露
43	安信信托	未披露	未披露	未披露
44	新时代	未披露	未披露	未披露
45	山东国信	未披露	未披露	未披露

续表

序号	公司简称	2020 年	2019 年	2018 年
46	华润信托	未披露	197388	未披露
47	雪松国信	未披露	未披露	未披露
48	国投信托	未披露	39673	未披露
49	重庆国信	未披露	155952	未披露
50	华能贵诚	未披露	未披露	未披露
51	金谷信托	未披露	未披露	未披露
52	湖南信托	未披露	未披露	未披露
53	大业信托	未披露	未披露	未披露
54	新华信托	未披露	89975	未披露
55	百瑞信托	未披露	37931	未披露
56	长安国信	未披露	45894	未披露
57	上海国信	未披露	314390	未披露
58	吉林信托	未披露	273053	未披露
59	东莞信托	未披露	58261	未披露
60	西藏信托	未披露	40253	未披露
61	山西信托	未披露	392842	未披露
62	光大信托	未披露	97372	未披露
63	苏州信托	未披露	36808	未披露
64	华融国信	未披露	未披露	未披露
65	粤财信托	未披露	未披露	未披露
66	中原信托	未披露	61216	未披露
67	中泰信托	未披露	104762	未披露
68	四川信托	未披露	未披露	未披露

表 5－19　信托公司自营资产分布基础产业资产占比序列表(2020 年)　(%)

序号	公司简称	2020 年	2019 年	2018 年
1	国元信托	25.74	20.86	6.74
2	国通信托	16.90	未披露	未披露
3	国联信托	15.70	0.00	未披露
4	爱建信托	14.90	21.44	18.11
5	建信信托	14.73	10.51	未披露
6	交银国信	13.78	6.63	7.83
7	中信信托	12.00	16.00	未披露
8	五矿信托	11.62	0.00	未披露
9	万向信托	10.92	3.45	20.02

续表

序号	公司简称	2020 年	2019 年	2018 年
10	陆家嘴信托	10. 57	0. 00	未披露
11	陕西国信	10. 22	未披露	未披露
12	中海信托	8. 33	9. 85	未披露
13	外贸信托	4. 84	3. 74	0. 98
14	平安信托	4. 79	0. 00	未披露
15	天津信托	4. 65	13. 45	6. 68
16	华宸信托	4. 43	3. 50	2. 19
17	华澳信托	2. 83	9. 24	9. 64
18	北京国信	2. 62	2. 81	0. 00
19	中航信托	2. 30	3. 92	未披露
20	中诚信托	2. 12	0. 12	2. 93
21	民生信托	1. 72	10. 11	未披露
22	昆仑信托	1. 58	4. 91	8. 78
23	兴业信托	1. 53	3. 74	1. 79
24	北方国信	1. 11	1. 21	1. 28
25	中建投信托	0. 31	1. 69	未披露
26	渤海信托	0. 29	0. 20	0. 14
27	英大信托	0. 17	3. 31	0. 44
28	中融信托	0. 11	1. 08	0. 00
29	西部信托	0. 00	0. 00	未披露
30	中粮信托	0. 00	0. 00	未披露
31	紫金信托	0. 00	0. 00	未披露
32	长城新盛	0. 00	0. 00	未披露
33	厦门国信	0. 00	0. 00	0. 00
34	华鑫信托	0. 00	0. 00	未披露
35	江苏国信	0. 00	0. 00	0. 00
36	工商信托	0. 00	0. 00	0. 00
37	云南国信	0. 00	0. 00	未披露
38	中铁信托	0. 00	0. 00	未披露
39	浙商金汇	0. 00	0. 00	未披露
40	华信信托	未披露	0. 00	未披露
41	国民信托	未披露	未披露	未披露
42	华宝信托	未披露	0. 00	未披露
43	安信信托	未披露	未披露	未披露
44	新时代	未披露	未披露	未披露

续表

序号	公司简称	2020 年	2019 年	2018 年
45	山东国信	未披露	未披露	未披露
46	华润信托	未披露	0.00	未披露
47	雪松国信	未披露	未披露	未披露
48	国投信托	未披露	未披露	未披露
49	重庆国信	未披露	0.00	未披露
50	华能贵诚	未披露	0.00	未披露
51	金谷信托	未披露	0.00	未披露
52	湖南信托	未披露	未披露	未披露
53	大业信托	未披露	未披露	未披露
54	新华信托	未披露	2.30	2.18
55	百瑞信托	未披露	0.00	未披露
56	长安国信	未披露	未披露	2.19
57	上海国信	未披露	0.00	未披露
58	吉林信托	未披露	0.00	未披露
59	东莞信托	未披露	未披露	未披露
60	西藏信托	未披露	0.00	未披露
61	山西信托	未披露	0.00	未披露
62	光大信托	未披露	未披露	未披露
63	苏州信托	未披露	0.00	未披露
64	华融国信	未披露	未披露	未披露
65	粤财信托	未披露	未披露	未披露
66	中原信托	未披露	未披露	未披露
67	中泰信托	未披露	未披露	未披露
68	四川信托	未披露	未披露	未披露

表 5－20　　信托公司自营资产分布房地产业资产序列表(2020 年)　　单位:万元

序号	公司简称	2020 年	2019 年	2018 年
1	中诚信托	887879	364762	438057
2	交银国信	720453	239092	433027
3	平安信托	592960	156086	15281
4	中信信托	395379	243767	未披露
5	兴业信托	362709	106646	86697
6	昆仑信托	311786	329276	318770
7	外贸信托	255719	215849	90909
8	华润信托	230167	631468	351638

续表

序号	公司简称	2020 年	2019 年	2018 年
9	爱建信托	209336	481030	419753
10	陕西国信	202668	未披露	未披露
11	建信信托	155321	247062	未披露
12	中融信托	150747	116859	59041
13	北京国信	126000	169998	129231
14	万向信托	112542	137310	61190
15	中航信托	110231	73706	未披露
16	百瑞信托	93116	125261	123000
17	重庆国信	92563	55847	40373
18	中建投信托	91678	165755	123239
19	苏州信托	55626	0	未披露
20	国元信托	46607	47861	62464
21	陆家嘴信托	36443	0	未披露
22	长安国信	34666	未披露	19602
23	华宸信托	21426	22120	15019
24	厦门国信	15210	0	0
25	工商信托	14700	56700	35000
26	国联信托	12245	4400	56218
27	北方国信	10482	12600	19920
28	天津信托	7002	66847	21030
29	金谷信托	847	874	1574
30	渤海信托	100	0	8626
31	华宝信托	69	74	未披露
32	国通信托	0	未披露	未披露
33	五矿信托	0	0	未披露
34	西部信托	0	0	未披露
35	中粮信托	0	0	未披露
36	紫金信托	0	0	未披露
37	长城新盛	0	0	未披露
38	华鑫信托	0	0	未披露
39	民生信托	0	0	未披露
40	江苏国信	0	0	0
41	英大信托	0	0	未披露
42	云南国信	0	0	未披露
43	中铁信托	0	0	未披露

续表

序号	公司简称	2020 年	2019 年	2018 年
44	浙商金汇	0	0	未披露
45	华信信托	未披露	0	未披露
46	国民信托	未披露	未披露	未披露
47	安信信托	未披露	未披露	未披露
48	新时代	未披露	未披露	未披露
49	山东国信	未披露	未披露	未披露
50	雪松国信	未披露	未披露	未披露
51	国投信托	未披露	未披露	未披露
52	华能贵诚	未披露	0	未披露
53	华澳信托	未披露	0	未披露
54	新华信托	未披露	323431	387505
55	中原信托	未披露	未披露	未披露
56	吉林信托	未披露	0	21099
57	大业信托	未披露	未披露	未披露
58	光大信托	未披露	未披露	未披露
59	湖南信托	未披露	未披露	未披露
60	上海国信	未披露	0	未披露
61	中海信托	未披露	0	未披露
62	东莞信托	未披露	未披露	未披露
63	西藏信托	未披露	0	未披露
64	山西信托	未披露	0	未披露
65	华融国信	未披露	未披露	未披露
66	粤财信托	未披露	未披露	未披露
67	中泰信托	未披露	未披露	未披露
68	四川信托	未披露	未披露	未披露

表 5－21　信托公司自营资产分布房地产业资产占比序列表（2020 年）　（%）

序号	公司简称	2020 年	2019 年	2018 年
1	万向信托	58.10	31.42	15.74
2	中诚信托	41.52	16.18	19.50
3	交银国信	39.37	18.54	35.71
4	平安信托	25.86	5.31	0.61
5	昆仑信托	21.46	23.96	24.19
6	华宸信托	21.12	17.23	12.35
7	爱建信托	19.61	47.30	42.13

续表

序号	公司简称	2020年	2019年	2018年
8	国通信托	19.21	未披露	未披露
9	兴业信托	17.04	5.85	4.72
10	五矿信托	15.01	0.00	未披露
11	陕西国信	14.19	未披露	未披露
12	外贸信托	13.18	11.72	6.06
13	中信信托	11.00	8.00	未披露
14	苏州信托	9.07	0.00	未披露
15	百瑞信托	8.86	12.52	12.96
16	华润信托	8.68	24.72	15.17
17	北京国信	8.48	12.31	10.92
18	中建投信托	7.55	15.98	14.32
19	中航信托	6.64	4.42	未披露
20	建信信托	6.08	11.65	未披露
21	国元信托	5.29	6.36	8.39
22	中融信托	5.28	4.23	1.92
23	陆家嘴信托	3.86	0.00	未披露
24	重庆国信	3.14	1.76	1.36
25	长安国信	3.11	0.00	未披露
26	工商信托	2.66	11.34	6.72
27	厦门国信	2.00	0.00	0.00
28	北方国信	1.79	2.34	3.87
29	天津信托	0.78	8.28	2.81
30	金谷信托	0.18	0.16	0.33
31	国联信托	0.18	0.79	11.04
32	渤海信托	0.01	0.00	0.61
33	华宝信托	0.01	0.01	未披露
34	西部信托	0.00	0.00	未披露
35	中粮信托	0.00	0.00	未披露
36	紫金信托	0.00	0.00	未披露
37	长城新盛	0.00	0.00	未披露
38	华鑫信托	0.00	0.00	未披露
39	民生信托	0.00	0.00	未披露
40	江苏国信	0.00	0.00	0.00
41	英大信托	0.00	0.00	未披露
42	云南国信	0.00	0.00	0.00

续表

序号	公司简称	2020 年	2019 年	2018 年
43	中铁信托	0.00	0.00	0.00
44	浙商金汇	0.00	0.00	未披露
45	华信信托	未披露	0.00	未披露
46	国民信托	未披露	未披露	未披露
47	安信信托	未披露	未披露	未披露
48	新时代	未披露	未披露	未披露
49	山东国信	未披露	未披露	未披露
50	雪松国信	未披露	未披露	未披露
51	国投信托	未披露	0.00	未披露
52	华能贵诚	未披露	0.00	未披露
53	华澳信托	未披露	0.00	未披露
54	新华信托	未披露	43.96	49.78
55	中原信托	未披露	0.00	未披露
56	大业信托	未披露	未披露	未披露
57	吉林信托	未披露	0.00	3.15
58	光大信托	未披露	0.00	未披露
59	湖南信托	未披露	未披露	未披露
60	上海国信	未披露	0.00	未披露
61	中海信托	未披露	0.00	未披露
62	东莞信托	未披露	0.00	未披露
63	西藏信托	未披露	0.00	未披露
64	山西信托	未披露	0.00	未披露
65	华融国信	未披露	未披露	未披露
66	粤财信托	未披露	0.00	未披露
67	中泰信托	未披露	0.00	未披露
68	四川信托	未披露	未披露	未披露

表 5-22　信托公司自营资产分布证券业资产序列表（2020 年）　单位：万元

序号	公司简称	2020 年	2019 年	2018 年
1	中融信托	1092762	999672	937639
2	外贸信托	612127	412324	173099
3	华能贵诚	558355	280238	未披露
4	英大信托	410213	199030	10810
5	长安国信	393474	404108	145821
6	兴业信托	384724	299052	633702

续表

序号	公司简称	2020年	2019年	2018年
7	吉林信托	383766	395501	391908
8	中信信托	364940	22249	未披露
9	西部信托	347576	335920	262909
10	上海国信	346399	206848	171207
11	国投信托	311699	143962	156174
12	交银国信	310869	514000	323500
13	陕西国信	286210	未披露	未披露
14	华鑫信托	270905	208843	未披露
15	重庆国信	231563	207204	191597
16	中航信托	226786	71106	未披露
17	国通信托	210814	未披露	未披露
18	昆仑信托	202662	188952	111630
19	万向信托	167431	3810	未披露
20	北方国信	159135	70675	44314
21	华润信托	142828	5115	156843
22	中铁信托	138794	124779	65987
23	光大信托	136263	11585	23943
24	厦门国信	135175	73429	91892
25	中海信托	134703	79768	83807
26	东莞信托	117983	76881	50820
27	五矿信托	111276	119446	未披露
28	爱建信托	95918	19006	3766
29	紫金信托	94963	47123	35568
30	苏州信托	89106	74427	56338
31	建信信托	82469	38593	未披露
32	天津信托	65305	75709	90735
33	浙商金汇	63672	28369	64880
34	西藏信托	60174	81389	67497
35	华宝信托	58189	57232	未披露
36	中粮信托	37614	0	未披露
37	北京国信	35111	46244	78913
38	百瑞信托	34548	41063	99420
39	中泰信托	31518	38589	30708
40	江苏国信	25760	1769	4075
41	云南国信	25000	40000	14000

续表

序号	公司简称	2020 年	2019 年	2018 年
42	中诚信托	19630	50755	32201
43	陆家嘴信托	16000	10863	84902
44	中原信托	8253	0	未披露
45	国元信托	8124	13209	34081
46	华宸信托	4808	4128	4032
47	粤财信托	2857	9293	4787
48	国联信托	1963	26076	27408
49	渤海信托	1284	1951	6293
50	中建投信托	333	312	6529
51	工商信托	244	251	222
52	平安信托	0	0	未披露
53	长城新盛	0	0	未披露
54	新华信托	未披露	0	4526
55	山西信托	未披露	9862	33724
56	大业信托	未披露	未披露	未披露
57	湖南信托	未披露	未披露	未披露
58	四川信托	未披露	3064	19838
59	金谷信托	未披露	0	1574
60	华澳信托	未披露	0	未披露
61	山东国信	未披露	未披露	未披露
62	华融国信	未披露	16308	未披露
63	雪松国信	未披露	未披露	未披露
64	民生信托	未披露	未披露	未披露
65	新时代	未披露	51670	49637
66	安信信托	未披露	未披露	未披露
67	国民信托	未披露	0	未披露
68	华信信托	未披露	329995	未披露

表 5-23　信托公司自营资产分布证券业资产占比序列表(2020 年)　(%)

序号	公司简称	2020 年	2019 年	2018 年
1	吉林信托	52.88	58.92	58.60
2	西部信托	51.01	52.66	47.32
3	中融信托	38.26	36.20	30.51
4	英大信托	37.00	20.09	1.20
5	长安国信	35.25	39.20	16.28

续表

序号	公司简称	2020年	2019年	2018年
6	外贸信托	31.55	22.39	11.54
7	国投信托	30.82	21.00	21.96
8	北方国信	27.21	13.13	8.60
9	华鑫信托	24.57	26.95	未披露
10	浙商金汇	23.64	11.34	9.40
11	华能贵诚	20.34	11.48	未披露
12	陕西国信	20.05	未披露	未披露
13	中海信托	19.15	11.23	11.68
14	东莞信托	19.02	12.62	7.81
15	紫金信托	18.19	10.13	8.44
16	兴业信托	18.08	16.41	34.52
17	厦门国信	17.75	10.24	13.90
18	上海国信	17.73	11.27	10.37
19	交银国信	16.99	39.85	26.68
20	苏州信托	14.52	13.15	11.36
21	昆仑信托	13.95	13.75	8.47
22	中航信托	13.66	4.27	未披露
23	西藏信托	11.24	16.23	25.41
24	中信信托	10.00	1.00	未披露
25	爱建信托	8.99	1.87	0.38
26	中铁信托	8.59	8.77	5.00
27	重庆国信	7.85	6.55	6.43
28	中粮信托	7.62	0.00	未披露
29	光大信托	7.53	0.83	2.17
30	天津信托	7.28	9.38	12.11
31	中泰信托	6.39	8.13	6.74
32	云南国信	5.97	11.15	4.55
33	华宝信托	5.77	5.40	未披露
34	华润信托	5.39	0.20	6.77
35	华宸信托	4.74	3.21	3.32
36	五矿信托	4.45	6.55	未披露
37	百瑞信托	3.29	4.11	10.47
38	建信信托	3.23	1.82	未披露
39	国联信托	2.81	4.68	5.38
40	北京国信	2.36	3.35	6.67

续表

序号	公司简称	2020 年	2019 年	2018 年
41	陆家嘴信托	1.69	1.65	12.38
42	万向信托	1.56	0.87	未披露
43	国通信托	1.19	未披露	未披露
44	中诚信托	0.92	2.25	1.43
45	国元信托	0.92	1.75	4.58
46	江苏国信	0.92	0.08	0.20
47	中原信托	0.83	0.00	未披露
48	粤财信托	0.34	1.23	0.74
49	渤海信托	0.08	0.12	0.45
50	工商信托	0.04	0.05	0.04
51	中建投信托	0.03	0.02	0.76
52	平安信托	0.00	0.00	未披露
53	长城新盛	0.00	0.00	未披露
54	华信信托	未披露	26.66	未披露
55	国民信托	未披露	未披露	未披露
56	安信信托	未披露	未披露	未披露
57	新时代	未披露	未披露	未披露
58	民生信托	未披露	未披露	未披露
59	雪松国信	未披露	未披露	未披露
60	四川信托	未披露	未披露	未披露
61	山东国信	未披露	未披露	未披露
62	华融国信	未披露	未披露	未披露
63	华澳信托	未披露	0.00	未披露
64	金谷信托	未披露	0.00	0.33
65	湖南信托	未披露	未披露	未披露
66	山西信托	未披露	4.11	14.26
67	大业信托	未披露	未披露	未披露
68	新华信托	未披露	0.00	0.58

表 5－24　信托公司自营资产分布实业资产序列表（2020 年）　单位：万元

序号	公司简称	2020 年	2019 年	2018 年
1	北京国信	824416	661628	462195
2	渤海信托	700485	1066062	947498
3	平安信托	456422	443621	464589
4	百瑞信托	307323	261860	115025

续表

序号	公司简称	2020 年	2019 年	2018 年
5	昆仑信托	229356	276724	173639
6	中信信托	216497	51750	未披露
7	长安国信	205346	148247	117472
8	爱建信托	195563	171892	134812
9	建信信托	186267	80902	未披露
10	中融信托	161604	90256	67788
11	华润信托	101855	99	8101
12	中诚信托	66181	36311	34680
13	西藏信托	44350	25167	73938
14	国元信托	42375	41500	105757
15	苏州信托	30662	35734	42615
16	工商信托	22250	16250	22250
17	天津信托	15000	23228	33921
18	陕西国信	9723	未披露	未披露
19	光大信托	4632	8858	9300
20	华宸信托	3621	3621	15646
21	北方国信	3546	33116	30372
22	中原信托	2851	2421	2434
23	山西信托	800	1000	2000
24	金谷信托	199	14224	15919
25	国通信托	0	未披露	未披露
26	西部信托	0	0	未披露
27	中粮信托	0	0	未披露
28	紫金信托	0	0	未披露
29	长城新盛	0	0	未披露
30	万向信托	0	122853	未披露
31	厦门国信	0	4875	4875
32	外贸信托	0	0	67854
33	江苏国信	0	0	0
34	英大信托	0	0	未披露
35	云南国信	0	0	未披露
36	中铁信托	0	0	未披露
37	浙商金汇	0	0	未披露
38	华信信托	未披露	0	未披露
39	国民信托	未披露	未披露	未披露

续表

序号	公司简称	2020 年	2019 年	2018 年
40	华宝信托	未披露	0	未披露
41	安信信托	未披露	未披露	未披露
42	新时代	未披露	未披露	未披露
43	山东国信	未披露	未披露	未披露
44	雪松国信	未披露	未披露	未披露
45	国投信托	未披露	未披露	未披露
46	华能贵诚	未披露	0	0
47	中航信托	未披露	346708	未披露
48	华澳信托	未披露	428734	439902
49	五矿信托	未披露	未披露	未披露
50	华鑫信托	未披露	0	未披露
51	民生信托	未披露	961735	未披露
52	新华信托	未披露	0	1979
53	重庆国信	未披露	30020	未披露
54	兴业信托	未披露	4727	58145
55	湖南信托	未披露	未披露	未披露
56	大业信托	未披露	未披露	未披露
57	国联信托	未披露	10318	39177
58	中建投信托	未披露	0	未披露
59	上海国信	未披露	0	未披露
60	中海信托	未披露	0	40000
61	吉林信托	未披露	未披露	未披露
62	东莞信托	未披露	未披露	未披露
63	华融国信	未披露	未披露	未披露
64	粤财信托	未披露	未披露	未披露
65	中泰信托	未披露	0	未披露
66	交银国信	未披露	未披露	未披露
67	陆家嘴信托	未披露	0	未披露
68	四川信托	未披露	未披露	未披露

表 5－25　信托公司自营资产分布实业资产占比序列表（2020 年）　（%）

序号	公司简称	2020 年	2019 年	2018 年
1	北京国信	55.49	47.90	39.06
2	渤海信托	45.32	67.39	67.50
3	百瑞信托	29.24	26.18	12.12

续表

序号	公司简称	2020年	2019年	2018年
4	平安信托	28.60	15.09	18.50
5	国通信托	25.43	未披露	未披露
6	长安国信	18.39	14.38	13.12
7	爱建信托	18.32	16.90	13.53
8	昆仑信托	15.79	20.14	13.18
9	西藏信托	8.29	5.02	27.83
10	建信信托	7.29	3.82	未披露
11	中信信托	6.00	2.00	未披露
12	中融信托	5.66	3.27	2.21
13	苏州信托	5.00	6.31	8.59
14	国元信托	4.81	5.51	14.20
15	工商信托	4.03	3.25	4.27
16	华润信托	3.84	0.00	0.35
17	华宸信托	3.57	2.82	12.86
18	中诚信托	3.09	1.61	1.54
19	天津信托	1.67	2.88	4.53
20	陕西国信	0.68	未披露	未披露
21	北方国信	0.61	6.15	5.89
22	山西信托	0.32	0.42	0.85
23	中原信托	0.29	0.23	0.25
24	光大信托	0.26	0.63	0.84
25	金谷信托	0.04	2.69	3.36
26	西部信托	0.00	0.00	未披露
27	中粮信托	0.00	0.00	未披露
28	紫金信托	0.00	0.00	未披露
29	长城新盛	0.00	0.00	未披露
30	万向信托	0.00	28.11	未披露
31	厦门国信	0.00	0.68	0.83
32	外贸信托	0.00	0.00	4.52
33	江苏国信	0.00	0.00	0.00
34	英大信托	0.00	0.00	未披露
35	云南国信	0.00	0.00	0.00
36	中铁信托	0.00	0.00	未披露
37	浙商金汇	0.00	0.00	未披露
38	华信信托	未披露	0.00	未披露

续表

序号	公司简称	2020 年	2019 年	2018 年
39	国民信托	未披露	0.00	未披露
40	华宝信托	未披露	0.00	未披露
41	安信信托	未披露	未披露	未披露
42	新时代	未披露	未披露	未披露
43	山东国信	未披露	未披露	未披露
44	雪松国信	未披露	未披露	未披露
45	国投信托	未披露	0.00	未披露
46	华能贵诚	未披露	0.00	0.00
47	中航信托	未披露	20.80	未披露
48	华澳信托	未披露	79.25	77.06
49	五矿信托	未披露	未披露	未披露
50	华鑫信托	未披露	0.00	未披露
51	民生信托	未披露	67.72	未披露
52	新华信托	未披露	0.00	0.25
53	湖南信托	未披露	未披露	未披露
54	大业信托	未披露	未披露	未披露
55	兴业信托	未披露	0.26	3.17
56	重庆国信	未披露	0.95	未披露
57	国联信托	未披露	1.85	7.70
58	中建投信托	未披露	0.00	未披露
59	上海国信	未披露	0.00	未披露
60	中海信托	未披露	0.00	5.57
61	吉林信托	未披露	0.00	0.00
62	东莞信托	未披露	0.00	0.00
63	华融国信	未披露	未披露	未披露
64	粤财信托	未披露	0.00	未披露
65	中泰信托	未披露	0.00	未披露
66	交银国信	未披露	0.00	未披露
67	陆家嘴信托	未披露	0.00	未披露
68	四川信托	未披露	未披露	未披露

第六章　公司收入结构分析

第一节 信托公司营业收入

一、营业收入的历史分析

从本报告掌握的2020年的年报披露情况来看，有62家信托公司公布了营业收入与营业利润情况。

2020年信托行业共实现营业收入1191余亿元，平均每家信托公司营业收入为192131万元，比2019年增加了12034万元，上升比例为15.57%。自2004年以来，信托公司的营业收入在2007年上升幅度最大，上升了21694万元，上升比率为158.76%；在2018年下跌幅度最大，下跌了14048万元，下跌比例为8.44%。

2007年单个信托公司的营业收入较高，为259269万元，2008年降为200481万元，2009年小幅回升为207486万元，2010年继续上升为238640万元。2015年出现了历史最高的营业收入，即中信信托创造的1029044万元。中信信托2016年、2017年、2018年和2019年的营业收入分别为564900万元、574951万元、614467万元和637797万元，这4年虽然比2015年的最高点有较大幅度的下降，但也保持了不俗的业绩。

信托公司营业收入的变异系数在2007年上升到最大，为1.42，然后逐渐下降，2011年下降为1.03，2012年为0.86，2013年为0.82，2014年为0.85，2015年提高至0.99，2016年又降到0.82，2017年继续下降至0.77，2018年又小幅回升至0.78，2019年小幅回落至0.77，2020年又上升至0.82，这表明2020年各信托公司营业收入差距有小幅扩大的现象（见表6－1）。

表6－1　2016—2020年信托公司营业收入统计分析

项目	2016年	2017年	2018年	2019年	2020年
平均值(万元)	159026	166508	152460	174802	192131
均值增长额度(万元)	－11617	－7482	－14048	22342	12034
增长幅度(%)	－6.59	－1.48	－8.44	14.65	15.57
公司数目(家)	68	67	68	67	62
最大值(万元)	603051	602539	614467	637797	707270
最小值(万元)	9390	4568	5170.91	－47932	－129729
标准差(万元)	130339	128902	119124	134531	157714
变异系数	0.82	0.77	0.78	0.77	0.82

二、营业收入的公司分析

从营业收入排名来看，2020年营业收入最大的信托公司前5名分别为：中信信托(707270万元)、华能贵诚(602981万元)、光大兴陇(563042万元)、平安信托(546091万元)和五矿信托(516352万元)。

同时可以发现，2009年营业收入达到5亿元以上的公司只有12家，而2010年增加到16家，2011年增加到27家，2012年达到47家，2013年达到56家，2014年达到57家，2015年达到63家。2016年营业收入达到5亿元以上的公司有所回落，为58家，2017年为61家，2018年这一指标在小幅波动中回落至58家，2019年为59家，2020年为55家。

信托公司营业收入相关数据见表6－2至表6－4。

表6－2　信托公司营业收入序列表(2020年)　单位：万元

序号	公司简称	2020年	2019年	2018年
1	中信信托	707270	637797	614467
2	华能贵诚	602981	504618	347739
3	光大兴陇	563042	418549	212924
4	平安信托	546091	467860	497785
5	五矿信托	516352	415665	293328
6	中融信托	456396	451862	458378
7	华润信托	383668	307407	238754
8	中航信托	376462	357158	340006
9	长安国信	328834	269239	210992
10	重庆国信	312459	334261	320958

续表

序号	公司简称	2020年	2019年	2018年
11	上海国信	311687	267115	240397
12	外贸信托	308938	278873	299776
13	建信信托	283564	319606	293724
14	兴业信托	274871	298299	238083
15	江苏国信	256268	323543	227019
16	中诚信托	239987	235493	233961
17	爱建信托	238182	255832	202901
18	山东国信	230563	188667	169451
19	渤海信托	229699	292411	198493
20	中建投信托	224889	239548	189280
21	英大信托	211749	152792	113158
22	交银国信	208593	184593	169947
23	陕西国信	208120	174212	102733
24	昆仑信托	205987	193887	150670
25	中铁信托	199012	182570	283581
26	民生信托	198097	231097	239663
27	陆家嘴信托	193616	144145	111961
28	百瑞信托	192083	161701	16618
29	国投泰康	182443	155772	108352
30	华鑫信托	166827	128197	103407
31	北京国信	165362	171293	155738
32	万向信托	156712	141451	101811
33	粤财信托	150169	121262	95012
34	华宝信托	144717	147752	164957
35	厦门国信	139380	97713	80190
36	财信信托	135602	86944	125576
37	国通信托	124021	未披露	129067
38	紫金信托	116517	110325	80432
39	东莞信托	116099	109918	91846
40	北方国信	112752	77448	62551
41	工商信托	111043	107793	100574
42	华澳信托	103681	99363	73779
43	苏州信托	101425	79531	52745
44	天津信托	97806	84265	116496
45	国元信托	86472	68492	57755

续表

序号	公司简称	2020年	2019年	2018年
46	中原信托	83307	96845	118510
47	西藏信托	82527	79624	48290
48	西部信托	80363	69739	59874
49	中粮信托	78268	51419	54790
50	云南国信	74589	88412	67925
51	中海信托	67557	112372	120490
52	国联信托	59441	108267	30146
53	国民信托	58065	231097	87452
54	浙商金汇	50963	55468	74068
55	大业信托	50368	48304	77911
56	金谷信托	45402	51747	51179
57	中泰信托	35402	27021	28769
58	吉林信托	24853	52873	55963
59	山西信托	20991	24979	31910
60	华宸信托	14411	420	5197
61	长城新盛	-5152	39019	45059
62	安信信托	-129729	-47932	13037
63	四川信托	未披露	232301	223195
64	华融国信	未披露	80494	41520
65	华信信托	未披露	57276	114566
66	新时代	未披露	42011	71444
67	雪松信托	未披露	未披露	35028
68	新华信托	未披露	17142	51911

表6-3　信托公司营业收入增长序列表(2020年)　单位:万元

序号	公司简称	2020年	2019年	2018年
1	光大兴陇	144494	205624	99322
2	国通信托	124021	-129067	8140
3	五矿信托	100687	122337	79511
4	华能贵诚	98363	156880	6322
5	平安信托	78231	-29925	-104755
6	华润信托	76261	68653	-21375
7	中信信托	69473	23330	39515
8	长安国信	59595	58247	-22624
9	英大信托	58957	39634	6483

续表

序号	公司简称	2020 年	2019 年	2018 年
10	陆家嘴信托	49472	32184	5742
11	财信信托	48658	-38633	8155
12	上海国信	44572	26718	-23428
13	山东国信	41896	19216	4661
14	厦门国信	41667	17523	-24180
15	华鑫信托	38629	24790	-10948
16	北方国信	35304	14897	2518
17	陕西国信	33908	71479	-12326
18	百瑞信托	30382	145083	-166603
19	外贸信托	30065	-20903	41328
20	粤财信托	28907	26250	-12061
21	中粮信托	26849	-3371	-36575
22	国投泰康	26671	47420	7512
23	交银国信	23999	14646	13306
24	苏州信托	21894	26787	-20367
25	中航信托	19304	17152	45903
26	国元信托	17981	10736	-9775
27	中铁信托	16442	-101011	40122
28	万向信托	15261	39640	-3013
29	华宸信托	13991	-4777	629
30	天津信托	13542	-32231	-13596
31	昆仑信托	12100	43217	-7087
32	西部信托	10624	9865	-6251
33	中泰信托	8380	-1747	-14801
34	紫金信托	6193	29893	370
35	东莞信托	6181	18073	16066
36	中融信托	4533	-6516	-28365
37	中诚信托	4493	1532	42966
38	华澳信托	4318	25584	16704
39	工商信托	3250	7219	-298
40	西藏信托	2902	31334	-18370
41	大业信托	2064	-29607	-15978
42	华宝信托	-3035	-17206	1529
43	山西信托	-3987	-6931	233
44	浙商金汇	-4506	-18600	22172

续表

序号	公司简称	2020 年	2019 年	2018 年
45	北京国信	-5931	15555	-29018
46	金谷信托	-6345	568	-29055
47	中原信托	-13538	-21665	-57525
48	云南国信	-13823	20487	12690
49	中建投信托	-14660	50268	7326
50	爱建信托	-17650	52931	39068
51	重庆国信	-21802	13303	-70705
52	兴业信托	-23428	60216	-945
53	吉林信托	-28020	-3090	未披露
54	民生信托	-33000	-8566	-91137
55	建信信托	-36042	25882	26425
56	长城新盛	-44171	-6039	9672
57	中海信托	-44815	-8117	4850
58	国联信托	-48826	78121	-7323
59	渤海信托	-62712	93919	-15094
60	江苏国信	-67275	96524	27045
61	安信信托	-81796	-60969	-542671
62	国民信托	-173033	143646	16426
63	四川信托	未披露	9106	-20786
64	华融国信	未披露	38975	-159766
65	华信信托	未披露	-57289	-25644
66	新时代信托	未披露	-29433	-40373
67	雪松信托	未披露	-35028	-59444
68	新华信托	未披露	-34769	-30612

表 6-4　信托公司营业收入增幅序列表(2020 年)　(%)

序号	公司简称	2020 年	2019 年	2018 年
1	长城新盛	947.73	-15.48	37.60
2	民生信托	72.94	-3.71	-31.67
3	中原信托	36.47	-22.37	15.36
4	建信信托	35.51	8.10	17.17
5	中航信托	32.94	4.80	2.15
6	上海国信	31.56	10.00	-8.88
7	中铁信托	29.95	-55.33	9.11
8	外贸信托	24.68	-7.50	-10.97

续表

序号	公司简称	2020 年	2019 年	2018 年
9	中海信托	22.59	-7.22	2.18
10	兴业信托	21.45	20.19	-0.40
11	华润信托	20.39	22.33	2.49
12	天津信托	19.74	-38.25	3.58
13	渤海信托	19.40	32.12	18.50
14	华宝信托	18.55	-11.65	-7.38
15	百瑞信托	18.38	89.72	-31.40
16	江苏国信	16.26	29.83	-11.72
17	中诚信托	16.10	0.65	-3.71
18	中建投信托	15.08	20.98	-14.09
19	长安国信	15.04	21.63	-30.27
20	国通信托	14.50	未披露	0.31
21	山东国信	13.04	10.19	-9.16
22	昆仑信托	12.95	22.29	-13.55
23	爱建信托	12.14	20.69	16.13
24	财信信托	12.13	-44.43	-136.06
25	交银国信	11.51	7.93	4.68
26	五矿信托	9.42	29.43	2.27
27	华鑫信托	8.12	19.34	34.16
28	陕西国信	6.72	41.03	1.33
29	粤财信托	5.58	21.65	-22.58
30	大业信托	4.10	-61.29	-1.01
31	工商信托	3.89	6.70	-2.99
32	厦门国信	3.22	17.93	5.50
33	陆家嘴信托	3.19	22.33	15.73
34	英大信托	2.92	25.94	-0.28
35	万向信托	2.89	28.02	-56.71
36	光大兴陇	2.15	49.13	-18.30
37	国投泰康	1.78	30.44	-28.81
38	中粮信托	-3.88	-6.56	-99.75
39	紫金信托	-5.09	27.10	-13.67
40	东莞信托	-5.47	16.44	-40.40
41	金谷信托	-9.92	1.10	51.51
42	苏州信托	-13.35	33.68	-13.37
43	国元信托	-16.95	15.68	-9.26

续表

序号	公司简称	2020年	2019年	2018年
44	北方国信	-20.78	19.23	-12.20
45	西藏信托	-21.39	39.35	11.27
46	国民信托	-23.81	62.16	-56.84
47	华澳信托	-27.02	25.75	75.28
48	西部信托	-27.13	14.15	14.63
49	云南国信	-44.24	23.17	14.74
50	浙商金汇	-70.72	-33.53	77.31
51	国联信托	-75.39	72.16	-97.61
52	北京国信	-104.64	9.08	-15.71
53	中泰信托	-124.77	-6.47	-42.16
54	吉林信托	-270.69	-5.84	349.86
55	山西信托	-298.75	-27.75	50.72
56	华宸信托	-567.60	-1137.98	359.61
57	平安信托	未披露	-6.40	-2.65
58	中信信托	未披露	3.66	1.42
59	安信信托	未披露	127.20	-4.07
60	中融信托	未披露	-1.44	0.05
61	重庆国信	未披露	3.98	3.24
62	华能贵诚	未披露	31.09	-158.95
63	四川信托	未披露	3.92	-6.07
64	华融国信	未披露	48.42	-6.75
65	华信信托	未披露	-100.02	—
66	新时代	未披露	-70.06	71.11
67	雪松信托	未披露	未披露	0.67
68	新华信托	未披露	-202.82	-24.68

第二节　信托公司利润总额与净利润

一、利润总额与净利润的历史分析

2020年信托行业共实现利润649亿元，平均每家信托公司利润总额为104695万元，比2019年下降了8%。自2004年以来，信托公司的利润总额在2007年上升幅度最大，上升了26759万元，上升比例为273.66%；在2008年下跌幅度最大，下跌了10392万元，下跌比例为 28.81%。

单个信托公司的利润总额在 2014—2017 年连续 4 年持续上升，其中，2014 年上升幅度最大，达到 15.26%。2018 年出现了近 5 年内的首次下跌，2019 年虽然出现增长，但增长幅度较小。2020 年出现大幅下跌，这显示 2020 年在新冠肺炎疫情等多重因素的影响下，整个信托市场的盈利状况不容乐观。

2004 年以来，各个信托公司利润总额差异度的最大值出现在 2004 年，变异系数为 1.49，2005 年和 2006 年变异系数连续两年下降之后，2007 年增长为 1.29，之后逐年下降，2011 年为 0.97，2012 年为 0.86，2013 年为 0.84，2014 年降至历史最低值 0.82，2015 年小幅上升至 0.86，2016 年与 2015 年持平，2017 年小幅下降至 0.85，2018 年则大幅回升至 1.05，2019 年上升至 1.23，2020 年上升至 1.45（见表 6－5）。

表 6－5　　2016—2020 年信托公司利润总额统计分析

项目	2016 年	2017 年	2018 年	2019 年	2020 年
平均值（万元）	114372	119899	102265	106290	104695
均值增长额度（万元）	5062	5527	－17650	4025.14	－8498.02
增长幅度（%）	4.63	4.83	－14.72	3.94	－8.00
公司数目（家）	68	67	68	67	62
利润总额为负的公司数（家）	0	0	2	4	3
最大值（万元）	424889	487421	481998	451426	503574
最小值（万元）	2192	7325	－244250	－523897	－728803
标准差（万元）	98581	102384	107515	131013	152011
变异系数	0.86	0.85	1.05	1.23	1.45

2017—2020 年信托公司平均利润总额与净利润总额比较见图 6－1。可以看出 2017—2020 年净利润与利润总额在绝对值上的差距逐年增大，2020 年继续出现小幅扩大趋势。

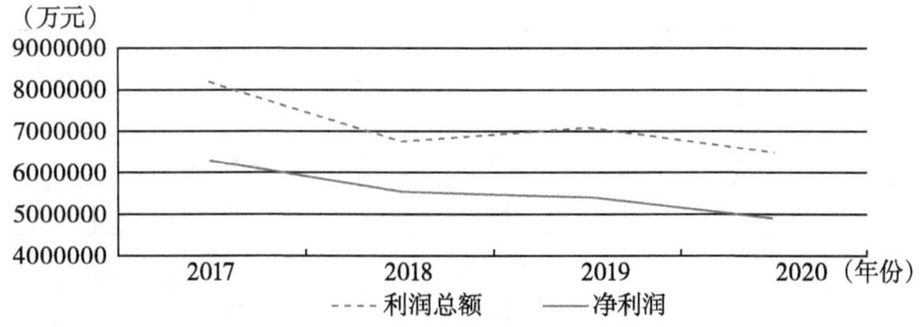

图 6－1　2017—2020 年信托公司平均利润总额与净利润总额比较

各信托公司详细数据如表6－6至表6－11所示。

表6－6　　信托公司利润总额序列表(2020年)　　单位:万元

序号	公司简称	2020年	2019年	2018年
1	华能贵诚	503574	418785	319109
2	平安信托	382387	345118	395247
3	五矿信托	370307	280114	228492
4	光大兴陇	350929	278196	148450
5	华润信托	314008	344450	256192
6	重庆国信	308878	345163	328114
7	中信信托	293378	451426	481998
8	中航信托	261469	256323	244775
9	江苏国信	220998	295003	217145
10	建信信托	219723	253945	238285
11	上海国信	203086	192712	160611
12	外贸信托	184077	235195	255600
13	昆仑信托	165815	132731	128929
14	英大信托	163829	129822	76858
15	爱建信托	161480	165528	149069
16	交银国信	154785	149871	138181
17	兴业信托	153887	162004	138599
18	陆家嘴信托	153877	86142	5856
19	百瑞信托	147637	141021	139584
20	中融信托	143988	200555	215338
21	国投泰康	139754	121822	83381
22	中铁信托	132727	110368	171267
23	北京国信	129376	116069	108490
24	华鑫信托	113960	85977	80362
25	粤财信托	113103	98042	79395
26	中诚信托	103138	109678	132188
27	华宝信托	102848	95420	121828
28	陕西国信	91807	76026	42512
29	财信信托	85801	32612	113152
30	万向信托	83832	95054	67936
31	厦门国信	83173	70874	64046
32	工商信托	82384	79442	72908
33	紫金信托	80119	71388	61035

续表

序号	公司简称	2020 年	2019 年	2018 年
34	山东国信	73297	87784	112685
35	中建投信托	72789	118380	120715
36	长安国信	72612	69140	47580
37	苏州信托	69387	61165	47397
38	东莞信托	68252	66269	61663
39	国元信托	67229	54190	45887
40	国通信托	60983	未披露	87478
41	西部信托	56943	44719	42945
42	华澳信托	56849	40981	54811
43	国联信托	53298	111703	24967
44	天津信托	52469	63951	60680
45	中海信托	51656	91680	199518
46	西藏信托	48631	55524	29992
47	云南国信	42122	53361	38603
48	中原信托	41712	54361	59975
49	中粮信托	40182	16810	5847
50	北方国信	39553	32967	55113
51	国民信托	29498	121985	16277
52	中泰信托	23415	13807	15614
53	金谷信托	15448	7201	22968
54	大业信托	14795	14308	20842
55	浙商金汇	14260	14094	20723
56	渤海信托	5152	148927	135554
57	山西信托	4618	2915	817
58	华宸信托	2891	-7698	-16117
59	吉林信托	957	23841	46574
60	长城新盛	-8536	30647	33116
61	民生信托	-50696	121985	148492
62	安信信托	-728804	-523897	-240299
63	四川信托	未披露	69516	98357
64	华融国信	未披露	-30665	9264
65	华信信托	未披露	-23622	104142
66	新时代	未披露	19385	47863
67	雪松信托	未披露	未披露	10727
68	新华信托	未披露	1780	7196

表6-7　信托公司利润总额增长序列表(2020年)　单位:万元

序号	公司简称	2020年	2019年	2018年
1	五矿信托	90194	51622	73249
2	华能贵诚	84790	99676	48292
3	光大兴陇	72733	129746	-58185
4	陆家嘴信托	67736	80286	-3182
5	国通信托	60983	-87478	-31291
6	财信信托	53188	-80539	11930
7	平安信托	37269	-50129	165320
8	英大信托	34007	52963	1334
9	昆仑信托	33084	3802	-24576
10	华鑫信托	27983	5615	78140
11	中粮信托	23372	10964	-18445
12	中铁信托	22359	-60899	-21008
13	国投泰康	17932	38442	-3741
14	华澳信托	15868	-13829	-10364
15	陕西国信	15782	33513	-10929
16	粤财信托	15061	18647	9497
17	北京国信	13307	7579	-22571
18	国元信托	13039	8303	-33165
19	厦门国信	12299	6828	100783
20	西部信托	12224	1774	825
21	华宸信托	10589	8419	-23442
22	上海国信	10374	32101	43733
23	中泰信托	9609	-1807	5503
24	紫金信托	8730	10354	2045
25	金谷信托	8247	-15767	-21478
26	苏州信托	8222	13768	-8960
27	华宝信托	7428	-26408	-12790
28	百瑞信托	6617	1437	-109475
29	北方国信	6587	未披露	907
30	中航信托	5145	11548	-40028
31	交银国信	4914	11690	-1617
32	长安国信	3472	21560	19840
33	工商信托	2942	6534	-22241
34	东莞信托	1984	4605	10337
35	山西信托	1702	2099	15980

续表

序号	公司简称	2020 年	2019 年	2018 年
36	大业信托	487	-6534	-14659
37	浙商金汇	166	-6629	-12506
38	爱建信托	-4048	16458	33669
39	中诚信托	-6540	-22509	-32409
40	西藏信托	-6893	25532	1471
41	兴业信托	-8118	23406	-45818
42	万向信托	-11222	27119	-3854
43	云南国信	-11239	14758	-1693
44	天津信托	-11482	3271	-59519
45	中原信托	-12649	-5615	4906
46	山东国信	-14486	-24901	2418
47	吉林信托	-22884	-22733	14394
48	华润信托	-30442	88258	-94689
49	建信信托	-34222	—	20000
50	重庆国信	-36285	17049	-727721
51	长城新盛	-39183	-2469	334
52	中海信托	-40024	-107838	7551
53	中建投信托	-45591	-2335	31720
54	外贸信托	-51118	-20405	-3615
55	中融信托	-56568	-14783	-58746
56	国联信托	-58405	86736	未披露
57	江苏国信	-74005	77858	-20474
58	国民信托	-92486	105708	9117
59	渤海信托	-143776	13373	-63789
60	中信信托	-158049	-30572	-65960
61	民生信托	-172680	-26507	29432
62	安信信托	-204906	-283598	-82569
63	四川信托	未披露	-28842	-48610
64	华融国信	未披露	-39929	743
65	华信信托	未披露	-127764	-20227
66	新时代	未披露	-28478	-4235
67	雪松信托	未披露	-10727	-7434
68	新华信托	未披露	-5416	-7733

表6-8　信托公司利润总额增幅序列表(2020年)　(%)

序号	公司简称	2020年	2019年	2018年
1	长城新盛	866.98	-8.06	-99.21
2	渤海信托	434.02	8.98	-59.23
3	长安国信	38.54	31.18	-16.91
4	上海国信	33.35	16.66	-14.77
5	建信信托	33.10	未披露	-18.34
6	中航信托	32.43	4.51	14.67
7	中原信托	31.26	-10.33	140.10
8	外贸信托	28.89	-8.68	-280.10
9	中铁信托	25.62	-55.18	-3.23
10	兴业信托	21.50	14.45	-24.84
11	华润信托	19.42	25.62	-33.95
12	中建投信托	18.28	-1.97	-34.40
13	山东国信	16.78	-28.37	-18.63
14	天津信托	15.72	5.11	-2.47
15	中诚信托	15.30	-20.52	43.61
16	国通信托	13.48	未披露	-8.10
17	中海信托	12.81	-117.62	-1.60
18	华宝信托	10.30	-27.68	-10.98
19	百瑞信托	10.20	1.02	-17.24
20	财信信托	8.66	-246.96	-4.79
21	爱建信托	7.57	9.94	-82.05
22	江苏国信	7.18	26.39	22.81
23	陕西国信	7.17	44.08	-17.77
24	五矿信托	6.31	18.43	-29.51
25	昆仑信托	6.26	2.86	-9.94
26	交银国信	6.21	7.80	-77.53
27	华鑫信托	4.52	6.53	-46.10
28	粤财信托	2.60	19.02	26.16
29	光大兴陇	1.40	46.64	30.98
30	英大信托	1.21	40.80	-27.18
31	陆家嘴信托	1.11	93.20	13.59
32	万向信托	0.58	28.53	-5.25
33	厦门国信	0.20	9.63	-3.22
34	国投泰康	-4.68	31.56	-16.72
35	工商信托	-4.91	8.22	17.02

续表

序号	公司简称	2020 年	2019 年	2018 年
36	紫金信托	-14.33	14.50	1.64
37	东莞信托	-18.53	6.95	-7.29
38	苏州信托	-20.88	22.51	4.61
39	国元信托	-45.28	15.32	1.53
40	大业信托	-54.87	-45.67	13.04
41	西部信托	-63.72	3.97	2.16
42	西藏信托	-70.37	45.98	12.68
43	华澳信托	-70.40	-33.75	-86.42
44	金谷信托	-72.75	-218.95	61.63
45	国民信托	-77.58	86.66	6.13
46	北方国信	-99.06	未披露	69.69
47	云南国信	-108.24	27.66	-24.48
48	国联信托	-109.58	77.65	-13.71
49	北京国信	-133.47	6.53	-17.22
50	民生信托	-177.91	-21.73	76.77
51	中泰信托	-241.58	-13.09	-100.20
52	浙商金汇	-358.47	-47.03	-87.40
53	山西信托	-2002.79	71.98	29.80
54	华宸信托	-5467.43	-109.37	-794.36
55	吉林信托	-15029.24	-95.35	5.06
56	平安信托	未披露	-14.53	15.25
57	中信信托	未披露	-6.77	5.68
58	安信信托	未披露	54.13	-12.29
59	中融信托	未披露	-7.37	-3.23
60	重庆国信	未披露	4.94	1.13
61	华能贵诚	未披露	23.80	7.39
62	四川信托	未披露	-41.49	未披露
63	华融国信	未披露	130.21	90.03
64	华信信托	未披露	540.86	9.44
65	新时代	未披露	-146.91	3.35
66	雪松信托	未披露	未披露	-72.35
67	中粮信托	未披露	65.22	0.90
68	新华信托	未披露	-304.28	-696.13

表6-9　　信托公司净利润总额序列表(2020年)　　单位:万元

序号	公司简称	2020年	2019年	2018年
1	华能贵诚	379683	315793	240772
2	平安信托	308477	265155	317425
3	五矿信托	278376	210462	171995
4	华润信托	274141	288667	214052
5	光大兴陇	261144	207769	111666
6	重庆国信	244898	273755	258392
7	中信信托	203297	340085	366050
8	中航信托	198078	193934	184831
9	江苏国信	194414	241852	185741
10	建信信托	165629	189786	181659
11	上海国信	156603	150601	133508
12	外贸信托	142062	179105	194614
13	昆仑信托	126251	99136	97804
14	英大信托	124297	98825	60842
15	爱建信托	121079	123786	111528
16	交银国信	116629	112635	104048
17	兴业信托	116371	121698	105608
18	陆家嘴信托	115247	43570	43570
19	中融信托	114009	157408	168046
20	百瑞信托	112291	109283	106161
21	国投泰康	106194	91931	62793
22	中铁信托	100592	83676	130836
23	粤财信托	100561	83800	68062
24	北京国信	99351	87378	81671
25	中诚信托	97337	96732	113225
26	华鑫信托	80348	65426	59879
27	华宝信托	77607	76559	94894
28	陕西国信	68569	58153	31947
29	万向信托	65602	69831	50549
30	财信信托	65102	24550	100077
31	山东国信	62782	66391	87225
32	工商信托	61808	59798	54623
33	厦门国信	59584	54251	47628
34	紫金信托	58010	53215	44763
35	国元信托	55114	44054	36830

续表

序号	公司简称	2020 年	2019 年	2018 年
36	中建投信托	54383	88800	91583
37	长安国信	53596	51457	35613
38	苏州信托	52607	46568	36199
39	东莞信托	51618	50081	46409
40	天津信托	50485	57815	58419
41	国联信托	45807	90342	19783
42	国通信托	45217	未披露	65179
43	西藏信托	42800	49161	27357
44	西部信托	42473	34224	32836
45	华澳信托	42445	30618	41042
46	云南国信	31951	40325	29571
47	中原信托	31328	41152	41489
48	中粮信托	30077	12619	4780
49	中海信托	30000	73918	159408
50	北方国信	29856	24546	41945
51	国民信托	22501	90447	11903
52	中泰信托	21599	12941	14414
53	金谷信托	11511	5251	17185
54	大业信托	11151	10742	15726
55	浙商金汇	10648	10476	15443
56	吉林信托	3242	20535	37696
57	华宸信托	2252	-6054	-11924
58	山西信托	1804	3047	1105
59	渤海信托	1755	111587	101663
60	长城新盛	-9821	23061	24519
61	民生信托	-38923	90447	110798
62	安信信托	-673044	-397121	-179439
63	四川信托	未披露	52138	74011
64	华融国信	未披露	-41227	5390
65	华信信托	未披露	-15245	80679
66	新时代	未披露	14965	37250
67	雪松信托	未披露	未披露	7757
68	新华信托	未披露	1559	5848

表6-10 信托公司净利润增长序列表(2020年) 单位:万元

序号	公司简称	2020年	2019年	2018年
1	中原信托	71676	-337	-48
2	建信信托	67914	8127	16663
3	民生信托	63890	-20351	-73239
4	华润信托	53375	74615	-48915
5	中粮信托	45217	7840	-34823
6	中航信托	43323	9104	21936
7	华鑫信托	40551	5547	55183
8	华融国信	27115	-46617	-44822
9	江苏国信	25472	56111	-22539
10	国民信托	17457	78544	-19540
11	昆仑信托	16916	1332	15336
12	交银国信	16761	8587	23944
13	国通信托	14922	-65179	-5055
14	华宝信托	14263	-18335	-10357
15	华信信托	11973	-95924	-7026
16	紫金信托	11828	8451	-28748
17	陆家嘴信托	11060	0	1749
18	中海信托	10416	-85490	213
19	北方国信	8658	-17399	-17550
20	国联信托	8305	70559	443
21	金谷信托	8249	-11934	-8396
22	华澳信托	6260	-10424	-18057
23	工商信托	6040	5175	80775
24	五矿信托	6002	38467	-14331
25	粤财信托	5333	15738	-15413
26	西藏信托	5310	21804	8509
27	英大信托	4795	37984	-24936
28	中铁信托	4144	-47159	-9505
29	百瑞信托	3994	3122	-2256
30	爱建信托	3009	12258	-11949
31	厦门国信	2139	6623	59002
32	新时代	2010	-22285	-84342
33	国投泰康	1537	29138	633
34	财信信托	1048	-75527	80775
35	天津信托	605	-604	2602

续表

序号	公司简称	2020 年	2019 年	2018 年
36	云南国信	409	10754	-3276
37	浙商金汇	173	-4967	-24636
38	长城新盛	-1242	-1458	-19352
39	中诚信托	-2707	-16494	-41360
40	光大兴陇	-3609	96103	-59140
41	陕西国信	-4229	26205	10840
42	中建投信托	-5328	-2782	-24708
43	新华信托	-6361	-4289	5124
44	雪松信托	-7330	-7757	-17025
45	东莞信托	-8374	3672	-17290
46	苏州信托	-9824	10369	-1634
47	上海国信	-14526	17094	11920
48	中泰信托	-17293	-1472	-7677
49	长安国信	-24157	15844	-2382
50	外贸信托	-28856	-15509	-72079
51	吉林信托	-32882	-17161	6935
52	万向信托	-34418	19282	-738
53	渤海信托	-37043	9924	-546260
54	山东国信	-43399	-20834	-4758
55	国元信托	-43918	7224	-483
56	大业信托	-44535	-4984	24879
57	兴业信托	-47438	16090	-41360
58	西部信托	-67946	1388	6546
59	山西信托	-109832	1942	-10921
60	华宸信托	-129370	5870	-4337
61	四川信托	-136788	-21872	-7116
62	北京国信	-275923	5707	-16801
63	平安信托	未披露	-52271	2864
64	中信信托	未披露	-25965	11460
65	安信信托	未披露	-217681	123537
66	中融信托	未披露	-10638	4841
67	重庆国信	未披露	15363	-9603
68	华能贵诚	未披露	75020	32375

表6-11　信托公司净利润增幅序列表(2020年)　(%)

序号	公司简称	2020年	2019年	2018年
1	吉林信托	1118.33	-45.53	-43.80
2	华宸信托	332.37	-49.23	3.65
3	建信信托	22.95	4.47	10.09
4	中航信托	22.02	4.93	13.47
5	北京国信	20.32	6.99	-17.06
6	四川信托	19.95	-29.55	1.65
7	上海国信	19.47	12.80	91.63
8	民生信托	18.88	-18.37	0.73
9	外贸信托	17.69	-7.97	-2.91
10	华润信托	17.32	34.86	2.23
11	中铁信托	13.69	-36.04	-98.63
12	兴业信托	13.10	15.24	20.03
13	华融国信	11.82	-864.86	-70.20
14	渤海信托	11.80	9.76	33.68
15	江苏国信	11.47	30.21	7.64
16	五矿信托	10.80	22.37	-6.55
17	长安国信	10.54	44.49	141.70
18	百瑞信托	10.14	2.94	-5.32
19	中诚信托	9.89	-14.57	-28.14
20	中建投信托	9.50	-3.04	-432.27
21	中原信托	9.04	-0.81	-40.95
22	华宝信托	7.77	-19.32	-1.02
23	山东国信	7.59	-23.89	-1.33
24	爱建信托	7.40	10.99	-21.64
25	国通信托	6.61	-100.00	46.99
26	昆仑信托	6.22	1.36	18.60
27	财信信托	6.18	-75.47	-93.14
28	陕西国信	6.09	82.03	-59.79
29	中海信托	6.04	-53.63	-161.76
30	华信信托	6.04	-118.90	-134.32
31	交银国信	6.01	8.25	-13.93
32	天津信托	5.48	-1.03	-2.18
33	华鑫信托	4.62	9.26	-12.27
34	光大兴陇	3.41	86.06	-2.51
35	新时代	3.25	-59.83	-49.95

续表

序号	公司简称	2020 年	2019 年	2018 年
36	粤财信托	2.58	23.12	-32.15
37	英大信托	1.81	62.43	61.18
38	陆家嘴信托	1.10	0.00	-66.83
39	万向信托	0.75	38.14	91.03
40	厦门国信	0.32	13.91	-112.30
41	工商信托	-2.36	9.47	0.27
42	国投泰康	-5.24	46.40	-173.38
43	雪松信托	-7.15	-100.00	-85.01
44	大业信托	-9.23	-31.69	-13.79
45	中粮信托	-11.78	164.03	-0.06
46	新华信托	-14.86	-73.34	4.88
47	金谷信托	-17.26	-69.44	-24.71
48	东莞信托	-26.21	7.91	90.89
49	苏州信托	-31.36	28.64	18.99
50	国民信托	-48.30	659.86	18.14
51	国元信托	-57.64	19.61	-41.36
52	西藏信托	-80.91	79.70	-8.92
53	西部信托	-128.24	4.23	-107.67
54	北方国信	-152.24	-41.48	-153.91
55	华澳信托	-298.99	-25.40	-7.73
56	云南国信	-332.20	36.37	30.78
57	浙商金汇	-407.58	-32.17	18.61
58	中泰信托	-1354.59	-10.22	-3.72
59	国联信托	-1977.87	356.66	1.02
60	长城新盛	-2629.19	-5.95	-7.02
61	山西信托	-3872.24	175.73	-29.87
62	平安信托	未披露	-16.47	-11.25
63	中信信托	未披露	-7.09	26.43
64	安信信托	未披露	121.31	4.73
65	中融信托	未披露	-6.33	-13.25
66	重庆国信	未披露	5.95	-31.97
67	华能贵诚	未披露	31.16	15.54
68	紫金信托	未披露	18.88	-15.92

二、利润总额与净利润的公司分析

从利润总额来看,2020年利润总额最大的信托公司前5名分别为华能贵诚(503574万元)、平安信托(382387万元)、五矿信托(370307万元)、光大兴陇(350929万元)以及华润信托(314007万元)。

同时,2011年利润总额超过5亿元的有20家,2012年达到35家,2013年为42家,2014年为46家,2015年为49家,2016年为51家,2017年为52家,2018年小幅下降至44家,2019年回升至49家,2020年为48家。

从利润总额增长率看,2020年利润总额增幅排名前5的公司分别为长城新盛(866.98%)、渤海信托(434.02%)、长安国信(38.54%)、上海国信(33.35%)以及建信信托(33.10%)。另外在2020年,有22家公司的利润总额出现下滑,比2019年的27家减少5家。

从信托公司净利润水平来看,自2018年全行业净利润出现了近6年以来的首次下跌后,2019年净利润继续小幅下跌,2020年出现大幅下跌。2020年全行业披露净利润的62家公司中,共有26家信托公司的净利润超过了行业平均值(7.92亿元),占比为41.94%。2020年净利润排名前5的信托公司分别为华能贵诚(379683万元)、平安信托(308477万元)、五矿信托(278376万元)、华润信托(274141万元)以及光大兴陇(261144万元)。

第三节　信托业务收入

一、信托业务收入总规模的历史对比

2020年有62家信托公司披露了信托业务收入,平均每家信托公司信托业务收入为136913万元。2014年以来,信托公司的信托业务收入上升比例最大的年份为2014年,达到9.83%;2018年下跌幅度最大,下跌4.18%(见表6-12)。

表 6－12　　2016—2020 年信托公司信托业务收入统计分析

项目	2016 年	2017 年	2018 年	2019 年	2020 年
平均值(万元)	108604	118151	113207	122533	136913
均值增长额度(万元)	3011	9544	-4944	9327	14007
平均增长率(%)	2.85	8.79	-4.18	8.24	11.40
公司数目(家)	67	67	68	67	62
最大值(万元)	439342	531038	545001	478848	578607
最小值(万元)	6366	2761	908.32	431	459
标准差(万元)	93043	99327	91732	105585	123695
变异系数	0.86	0.84	0.81	0.86	0.90

二、信托业务收入的公司分析

从信托业务收入排名来看,2020 年信托业务收入最高的信托公司前 5 名分别为:中信信托(578608 万元)、光大兴陇(479033 万元)、中融信托(444248 万元)、平安信托(433468 万元)以及中航信托(382856 万元),如表 6－13 所示。

同时可以发现,2013 年信托业务收入达到 1 亿元以上和 10 亿元以上的公司分别为 66 家和 19 家,2014 年分别为 64 家和 25 家,2015 年分别为 67 家和 26 家,2016 年分别为 65 家和 26 家,2017 年分别为 66 家和 29 家,2018 年分别为 67 家和 27 家,2019 年分别为 65 家和 31 家,2020 年分别为 60 家和 30 家。

表 6－13　　信托业务收入规模序列表(2020 年)　　单位:万元

序号	公司简称	2020 年	2019 年	2018 年
1	中信信托	578608	478848	545001
2	光大兴陇	479033	374475	178746
3	中融信托	444248	409795	209202
4	平安信托	433468	353055	362066
5	中航信托	382856	358565	293214
6	华能贵诚	382332	317505	244674
7	五矿信托	375430	352710	233155
8	建信信托	281691	237506	216973
9	长安国信	217458	198354	181461
10	兴业信托	195472	248617	213699
11	渤海信托	185684	211283	179638
12	外贸信托	181653	160328	234352

续表

序号	公司简称	2020年	2019年	2018年
13	重庆国信	175234	201062	189805
14	爱建信托	173143	206192	186140
15	上海国信	170023	185139	181539
16	英大信托	169852	112268	89665
17	中建投信托	169391	191148	128696
18	华润信托	166706	132027	124512
19	中铁信托	153582	116162	197614
20	万向信托	138719	127942	81421
21	陆家嘴信托	137599	109687	89604
22	民生信托	136320	138326	183787
23	交银国信	131867	130852	107166
24	陕西国信	126663	94452	97852
25	北京国信	123396	112408	118168
26	华鑫信托	121137	92751	71450
27	中诚信托	117425	136383	126469
28	山东国信	115242	103777	89130
29	国投泰康	105427	103374	87896
30	江苏国信	105349	115298	110674
31	国通信托	99015	—	118484
32	昆仑信托	97571	102293	87307
33	百瑞信托	95891	113518	97285
34	华宝信托	88362	97664	106166
35	厦门国信	85727	58113	57529
36	紫金信托	85573	76852	71605
37	工商信托	84466	72577	73642
38	东莞信托	81831	87567	71428
39	中粮信托	79870	34750	44732
40	苏州信托	77873	54909	37438
41	财信信托	73872	65109	53973
42	西部信托	72312	65097	55406
43	浙商金汇	68959	73003	61346
44	中海信托	68624	67143	62070
45	中原信托	61853	69200	82557
46	粤财信托	60151	56707	45721
47	云南国信	59647	61736	55334

续表

序号	公司简称	2020 年	2019 年	2018 年
48	北方国信	54498	64508	46946
49	国民信托	49111	54872	83573
50	华澳信托	49093	51496	41545
51	大业信托	48387	47380	70539
52	天津信托	44224	33477	46791
53	西藏信托	42795	51158	48898
54	金谷信托	38876	26335	33087
55	国元信托	37700	37561	34155
56	国联信托	25092	23881	22307
57	安信信托	24133	36805	158575
58	吉林信托	20249	20096	20553
59	山西信托	16472	18233	15807
60	长城新盛	13781	35562	42690
61	中泰信托	7188	6001	11097
62	华宸信托	459	431	908
63	新华信托	未披露	22079	25654
64	华信信托	未披露	33799	61808
65	华融国信	未披露	58624	93941
66	新时代	未披露	31507	41485
67	中江国信	未披露	未披露	52054
68	四川信托	未披露	191520	209875

第七章　风控与资产质量分析

风险管控是金融机构的生命线和核心竞争力,信托业的发展与风险管控能力息息相关。2020 年,中国经济总量首次突破 100 万亿元,达 1015986 亿元,比上年增长 2.3%。一方面,中国的供给侧结构性改革继续推进,保持平稳健康发展势头,居民财富不断累积,刺激了投资需求。同时,货币新政、金融监管新政、资管新政等金融政策的出台,意味着监管标准趋同,信托业转型持续深入,信托成为居民有效配置资产的重要途径。另一方面,ICO、区块链从年初的高歌猛进、鱼龙混杂到国内几近销声匿迹;第三方支付备付金监管全面落地,监管频开巨额罚单,制度红利不断削弱,信用风险持续显现。

第一节 净资本

净资本管理既有控制“小马拉大车”无意中出现的管理能力与风控能力不相匹配的问题,也有防止个别公司为追逐眼前利益而恶意“违规超载”的现象,同时更有引导信托公司尽快实现从“广种薄收”“以量取胜”和片面追求规模的粗放式经营模式,向“精耕细作”、提升业务科技含量和产品附加值内涵发展的经营模式升级转型的深层考量和战略意图。复杂多变环境下获取竞争优势、进行风险管控的关键,是建立以净资本管理为核心的业务发展模式和管理体系。

2020 年全部 68 家信托公司中,披露净资本值的有 61 家,披露净资产值的有 62 家;详细披露固有业务风险资本和信托业务风险资本的有 19 家,较 2019 年减少了 2 家;55 家公司披露了各项业务风险资本之和,较 2019 年减少 6 家。显然,2020 年信托公司略微减少了在各项业务风险资本之和方面的披露,同时也表明在固有业务风险资本和信托业务风险资本的披露上还有待加强。

在合规内容方面,《信托公司净资本管理办法》中明确规定信托公司净资本不得低于 2 亿元人民币。目前披露净资本值的 61 家公司尚有 1 家未达标,其值为 -608427 万元。

净资本值最高的是重庆国信(2276409 万元),第 2 位为中信信托(2200000 万元)。披露公司的平均净资本值为 78.94 亿元,较 2019 年增长 7.95%。

同时,规定净资本不得低于各项风险资本之和的 100%,净资本不得低于净资产的 40%。披露净资本值的 61 家公司中,除吉林信托、安信信托和陕西国信外,其余信托公司这两项指标均达标,信托公司各项业务的风险资本有相应的净资本做支撑。其中,长城新盛和华宸信托净资本分别占其风险资本之和的 770.08% 和 728.64%,排名前两位,净资本占净资产比重最高的是国联信托(90.79%),其次是光大兴陇(89.94%)(见表 7-1)。

表 7-1　2020 年与 2019 年信托公司净资本相关指标排名

项目	净资本前 3 名(2020 年)	净资本前 3 名(2019 年)	净资本/各项业务风险资本之和前 3 名(2020 年)	净资本/各项业务风险资本之和前 3 名(2019 年)	净资本/净资产前 3 名(2020 年)	净资本/净资产前 3 名(2019 年)
第 1 名	重庆国信(2276409 万元)	重庆国信(2142328 万元)	长城新盛(770.08%)	长城新盛(638.64%)	国联信托(90.79%)	交银国信(91.40%)
第 2 名	中信信托(2200000 万元)	中信信托(1980000 万元)	华宸信托(728.64%)	华宸信托(598.51%)	光大兴陇(89.94%)	国民信托(91.28)
第 3 名	五矿信托(1976600 万元)	平安信托(1804594 万元)	中泰信托(622.50%)	华信信托(509.51%)	五矿信托(87.97%)	湖南信托(91.24%)

第二节　自营业务不良资产

整体来看,2020 年信托公司固有业务风险持续显露。自营业务平均不良资产规模及不良资产总体规模较 2019 年大幅上升,这可能主要基于三方面原因:一是房地产及相关行业发生深刻变化;二是经济转型促进不良资产出清;三是严监管常态化。

61 家信托公司中有 51 家存在不良资产,高于 2019 年。与上一年相比,不良资产规模缩减的有 20 家,较 2019 年增加 9 家。总体而言,2020 年信托公司自营业务不良资产大幅降低,资产质量上升,经营风险减小。2020 年信托公司自营不良资产变异系数为 1.96,反映公司间的差异较上年有所加大,如表 7-2 所示。

表7-2　　2015—2020年信托公司自营不良资产规模统计分析

项目	2015年	2016年	2017年	2018年	2019年	2020年
合计(万元)	745998	4881071	1123716	1510983	3484094	4996751
平均值(万元)	10971	76267	17558	27472	67001	81914
平均值增长幅度(万元)	4903	65296	-58709	9914	39529	14912
平均值增长率(%)	80.8	595.17	-76.98	56.46	133.69	22.26
公司数目(家)	68	68	68	68	68	63
不良资产缩减的公司数(家)	12	23	20	17	11	20
最大值(万元)	144367	2257675	136579	166271	795001	950558
最小值(万元)	0	0	0	0	0	0
标准差(万元)	26241	294249	31757	38921	133227	160516
变异系数	2.39	3.86	1.81	1.42	2.08	1.96

从不良资产率来看,2020年信托公司平均不良资产率为9.51%,较上一年有大幅提高,23家公司的不良资产率低于2019年。不良资产率降低有两方面原因:一是与不良资产处置、核销有关;二是可能与增资有关。因为不良资产率为不良资产除以信用风险资产,固有资产增加后,相当于做大分母。2020年不良资产率的公司间差异为1.73。总体来看,2020年信托公司自营不良资产率较上年有所上升,在一定程度上提高了经营风险。具体数据如表7-3所示。

表7-3　　2015—2020年信托公司自营不良资产率统计分析

项目	2015年	2016年	2017年	2018年	2019年	2020年
平均值(%)	2.71	4.13	2.70	3.81	8.15	9.51
平均值增长率(%)	2.59	1.42	-0.35	0.41	1.14	1.36
公司数目(家)	68	68	68	68	68	68
不良资产率缩减的公司数(家)	21	21	22	22	15	23
最大值(%)	47.60	31.35	14.57	32.67	82.40	98.47
最小值(%)	0.00	0.00	0.00	0.00	0.00	0.00
标准差(%)	8.35	6.77	3.91	0.06	0.14	16.49
变异系数	3.08	1.64	1.45	0.02	0.02	1.73

从不良资产规模的分布区间来看,2020年亿元及以上不良资产公司为41家(占全部信托公司的67.21%),比2019年增加6家。亿元及以上不良资产公司产生了90%以上的信托行业的不良资产,监管和风控重点应集中在这些公司。另有7家公司没有披露不良资产,也应该引起关注。如表7-4所示。

表 7－4　　2019 年、2020 年信托公司自营不良资产规模分布

不良资产规模区间	亿元及以上区间	0～亿元区间	0 元	总计
2020 年公司数目(占比)	41 (67.21%)	10 (16.39%)	10 (16.39%)	61
2019 年公司数目(占比)	35 (55.56%)	9 (14.29%)	19 (30.16%)	63
2020 年不良资产规模合计(占比)	4968076 万元 (99.43%)	28677 万元 (0.57%)	0	4996752 万元
2019 年不良资产规模合计(占比)	4013637 万元 (99.23%)	30928 万元 (0.77%)	0	4044565 万元

从信托公司自营不良资产规模增幅来看,2020 年不良资产规模缩减最多的是兴业信托,其次是华宝信托,第三是华润信托;不良资产率缩减最多的是浙商金汇,其次是华宝信托,第三是山西信托。如表 7－5 所示。

表 7－5　　2019 年、2020 年信托公司自营不良资产缩减前 5 名

排名	不良资产规模缩减前 5 名(2020 年)	不良资产规模缩减前 5 名(2019 年)	不良资产率缩减前 5 名(2020 年)	不良资产率缩减前 5 名(2019 年)
第 1 名	兴业信托 (－103565 万元)	新华信托 (－117108 万元)	浙商金汇 (－18.86%)	新华信托 (－3.11%)
第 2 名	华宝信托 (－53871 万元)	中信信托 (－39161 万元)	华宝信托 (－6.64%)	西藏信托 (－2.99%)
第 3 名	华润信托 (－52300 万元)	陕西国信 (－14848 万元)	山西信托 (－6.57%)	中信信托 (－2.39%)
第 4 名	浙商金汇 (－51467 万元)	北方国信 (－10135 万元)	中粮信托 (－5.76%)	金谷信托 (－1.94%)
第 5 名	陕西国信 (－50650 万元)	五矿信托 (－10119 万元)	兴业信托 (－5.72%)	五矿信托 (－0.90%)

从不良资产的构成来看,按照银保监会要求,我国信托公司资产质量实行五级分类管理。其中,次级、可疑和损失类资产即不良资产,直接反映了信托公司资产的质量和安全程度。2020 年我国信托公司正常类资产平均为 991828 万元,占全部资产的 81.58%,而次级、可疑和损失类不良资产总计 81914 万元,占资产总额的 9.35%(见表 7－6)。

表 7-6　　2020 年信托公司资产类别

资产类别	正常	关注	次级	可疑	损失	不良资产合计
合计(万元)	60501525	4724201	1956796	1223483	1816473	4996752
平均(万元)	991828	77446	32079	20057	29778	81914
占比(%)	81.58	7.43	3.42	2.66	3.27	9.35

第八章　人力资源分析

第一节 人力资源基本情况

2020年信托行业从业人员的整体规模总数为20110人,较2019年减少6.06%。略有减少的这支信托行业人员队伍,同时也是金融机构中从业人员较少的一个行业。具体在披露的62家公司中,34家公司出现人员递增的情况,较2019年减少17家。2020年信托公司从业人员规模的变异系数为0.58,各公司间人员差距仍然存在,但呈逐步缩小趋势(见表8-1)。信托行业近几年快速发展带来的良好发展平台和较高的薪酬水平,吸引了大量高学历人才(包括博士、硕士两个层次)的加入。有9家公司高学历人员占比超过70%,44家公司高学历人员占比超过50%,有17家高学历人员规模超过200人。

表8-1　　2015—2020年信托公司从业人员规模的统计分析

项目	2015年	2016年	2017年	2018年	2019年	2020年
总数(人)	17554	18393	19766	20243	21408	20110
平均值(人)	258	271	295	298	324	324
平均值增长幅度(人)	10	13	24	3	26	0
平均值增长率(%)	4.03	5.04	8.86	-0.875	8.72	0
公司数目(家)	68	68	68	68	68	62
从业人员增加的公司数(家)	46	47	57	56	51	34
最大值(人)	1980	1939	1974	808	945	948
最小值(人)	49	76	74	80	88	81
标准差(人)	266.31	253.84	255	161.21	191.36	186.58
变异系数	1.03	0.94	0.86	0.54	0.59	0.58

在各信托公司中,从业人员的规模分布以1000人以下的中小型信托公司为主。2020年排名前3的公司为长安国信、光大兴陇和中信信托(见表8-2)。2020年从业人员增

幅排名前3的公司为平安信托、五矿信托和长安国信(见表8-3)。高质量人员的加入也为这些公司的业绩增长提供了一定支撑。

表8-2　2017—2020年信托公司从业人员规模前3名

排名	2020年	2019年	2018年	2017年
第1名	长安国信(948)	光大兴陇(945)	中融信托(808)	中融信托(1974)
第2名	光大兴陇(868)	长安国信(872)	四川信托(734)	四川信托(749)
第3名	中信信托(752)	四川信托(792)	长安信托(719)	平安信托(743)

注:括号内从业人员规模单位为人。

表8-3　2017—2020年信托公司从业人员规模增幅前3名

排名	2020年	2019年	2018年	2017年
第1名	平安信托(219)	光大兴陇(454)	光大兴陇(182)	浙商金汇(227)
第2名	五矿信托(88)	长安国信(153)	安信信托(168)	陕西国信(131)
第3名	长安国信(76)	东莞信托(142)	五矿信托(125)	中信信托(129)

注:括号内从业人员规模增幅单位为人。

从已披露的11家信托公司从业人员年龄来看,平均年龄为36岁,与2019年相比有所增高。从业人员最大年龄为40.83岁,最小年龄为34.20岁,行业内分布几乎不存在差异化,如表8-4所示。

表8-4　2015—2020年信托公司从业人员年龄的统计分析

项目	2015年	2016年	2017年	2018年	2019年	2020年
平均值(岁)	35.00	35.36	35.54	35.67	35.79	36.00
平均值增长幅度(岁)	-0.07	0.36	0.18	0.13	0.12	0.21
平均值增长率(%)	-0.20	1.03	0.51	0.36	0.34	0.59
公司数目(家)	20	16	12	11	13	11
最大值(岁)	41.00	40.92	41.97	42.73	41.86	40.83
最小值(岁)	32.00	30.47	33.00	33.40	33.20	34.20
标准差(岁)	2.61	2.62	2.07	2.63	2.10	1.65
变异系数	0.07	0.07	0.08	0.07	0.06	0.05

2020年披露相关信息的公司中,平均年龄最小的是上海信托,年龄平均为34.20岁,各年从业人员的平均年龄变化不大,如表8-5所示。

表 8－5　　2017—2020 年信托公司从业人员年龄最小的前 3 名

排名	2020 年	2019 年	2018 年	2017 年
第 1 名	上海信托（34.20）	大业信托（33.20）	上海信托（33.40）	上海信托（33.00）
第 2 名	百瑞信托（35.00）	上海信托（33.94）	兴业信托（34.00）	兴业信托（33.00）
第 3 名	北京国信（35.00）	浙商金汇（35.00）	浙商金汇（34.00）	浙商信托（33.00）

注：括号内从业人员年龄单位为岁。

第二节　人力资源岗位分布

一、人力资源岗位总体分布

从 2020 年披露情况来看，在信托公司人员岗位分布中，高管人员平均人数为 9 人，占 2.91%，自营人员平均人数为 8 人，占 2.30%，信托业务人员平均人数为 171 人，占 50.36%，其余为其他人员。其中，信托业务人员的变异系数最大，公司间差异也较大（见表 8－6）。高管人数最多的是重庆国信（25 人），最少的为中泰信托（3 人）；自营人员人数最多的为光大兴陇（25 人），最少的为中粮信托（0 人）；中信信托的信托业务人员达到 643 人，居行业首位。回归信托本源，顺应监管要求，需要信托公司从人才队伍建设上首先满足信托主业的需求，其次才是服务自营业务创新，取得平衡发展。

表 8－6　　2020 年信托公司从业人员岗位分布的统计分析

项目	高管	自营	信托
平均值（人）	9	8	171
占比（%）	2.91	2.30	50.36
公司数目（家）	61	60	62
最大值（人）	25	25	643
最小值（人）	3	0	27
标准差（人）	3.71	5.51	121.82
变异系数	0.39	0.68	0.71

二、信托业务人员分布

信托业务人员是信托公司的主力。从2015—2020年信托业务人员的统计分析来看,2020年信托业务人员的平均人数为171人,较上年有所下降,占全部从业人员比重下降了1.85%。信托人员的行业内分布不均问题仍然较突出,公司间差异较大(见表8-7)。

表8-7　　2015—2020年信托公司信托业务人员的统计分析

项目	2015年	2016年	2017年	2018年	2019年	2020年
平均值(人)	133	157	157	170	180	171
占比(%)	52.27	57.97	53.22	57.34	55.58	52.92
占比增幅(%)	-8.53	10.9	-8.19	7.74	-3.07	-2.66
最大值(人)	1167	974	974	743	722	643
最小值(人)	22	26	26	24	24	27
标准差(人)	160.89	156.85	154.85	127.64	146.85	121.82
变异系数	1.21	0.99	0.99	0.75	0.81	0.71

三、高学历信托业务人员分布

2015—2020年信托业务人员中,高学历人员(包括硕士和博士两个层次)数量总体呈上升趋势,其中对于大多数信托企业2020年高学历人员占比超过50%。同时,标准差略有升高,而变异系数略微降低,表明2020年各信托公司间高学历人员分布较2019年差异有所减小(见表8-8)。

表8-8　　2015—2020年信托公司高学历从业人员统计分析

项目		2015年	2016年	2017年	2018年	2019年	2020年
披露公司数目(家)		68	68	67	68	66	62
高学历	平均值(人)	102	134	150	160	178	185
	占比(%)	47.85	49.38	52.51	52.84	55.13	56.82
	占比增长幅度(%)	3.26	1.53	6.34	0.63	4.33	1.69
	最大值	757	607	571	477	585	548
	最小值	10	30	27	19	36	36
	标准差	23.42	101.67	384.67	97.26	113.98	115.93
	变异系数	0.23	0.76	2.56	0.61	0.64	0.62

综合统计博士和硕士高学历人员情况，2020 年中信信托占据高学历规模第一的位置，百瑞信托占据高学历占比第 1 的位置，如表 8 -9 所示。

表 8 -9　　2019 年、2020 年信托公司人力资源高学历分布前 3 名

排名	2020 年		2019 年	
	高学历规模（人）	高学历占比（%）	高学历规模（人）	高学历占比（%）
第 1 名	中信信托（548）	百瑞信托（86.40）	光大兴陇（585）	百瑞信托（82.00）
第 2 名	光大兴陇（542）	山东国信（77.87）	中信信托（535）	北京国信（76.20）
第 3 名	长安国信（465）	北京国信（76.39）	长安国信（451）	中原信托（74.00）

第九章　公司治理结构分析

第一节 信托公司股权结构分析

根据第一大股东持股信息数据来看(见表9-1),2020年我国68家信托公司中有62家对各大股东的持股比例进行了披露,与2019年相比有所减少。从2020年各大公司的披露数据来看,我国信托公司的股权结构依然呈现高度集中的特征,主要表现有:第一大股东股权比例在90%及以上的公司为12家,与2019年和2018年相同;持股比例在80%~90%的公司为9家,比2019年和2018年多1家;持股比例在70%~80%的公司为9家,与2019年和2018年相同;持股比例在60%~70%的公司为9家,与2019年相同,比2018年增加1家;持股比例在50%~60%的公司为9家,比2019年减少3家,比2018年减少4家。总体来看,在所调查的68家信托公司中,2020年第一股东持股比例在50%以上,即达到绝对控股地位的有48家,比2019年和2018年减少2家,而持股比例在50%以下的只有14家(见表9-2)。我们可以看出第一大股东持股比例一直居高不下,而绝对控股股东的持股占比也一直很高,且总体维持均衡状态。

表9-1 各信托公司第一大股东持股信息

序号	公司简称	第一大股东名称	持股比例(%)
1	平安信托	中国平安保险(集团)股份有限公司	99.88
2	爱建信托	上海爱建集团股份有限公司	99.33
3	粤财信托	广东粤财投资控股有限公司	98.14
4	华宝信托	中国宝武钢铁集团有限公司	98.00
5	吉林信托	吉林省财政厅	97.50
6	上海信托	上海浦东发展银行股份有限公司	97.33
7	外贸信托	中化资本有限公司	97.26

续表

序号	公司简称	第一大股东名称	持股比例(%)
8	财信信托	湖南财信投资控股有限责任公司	96.00
9	中海信托	中国海洋石油集团有限公司	95.00
10	金谷信托	中国信达资产管理股份有限公司	92.29
11	山西信托	山西金融投资控股集团有限公司	90.70
12	中建投信托	中国建银投资有限责任公司	90.05
13	西藏信托	西藏自治区财政厅	89.43
14	昆仑信托	中油资产管理有限公司	87.18
15	交银国信	交通银行股份有限公司	85.00
16	中航信托	中航投资控股有限公司	82.73
17	民生信托	武汉中央商务区建设投资股份有限公司	82.71
18	中信信托	中国中信有限公司	82.26
19	江苏国信	江苏国信股份有限公司	81.49
20	中粮信托	中粮资本投资有限公司	80.50
21	厦门国信	厦门金圆金控股份有限公司	80.00
22	中铁信托	中国中铁股份有限公司	78.91
23	五矿信托	五矿资本控股有限公司	78.00
24	浙商金汇	浙江东方金融控股集团股份有限公司	78.00
25	天津信托	上海上实(集团)有限公司	77.58
26	万向信托	中国万向控股有限公司	76.50
27	英大信托	国网英大股份有限公司	73.49
28	兴业信托	兴业银行股份有限公司	73.00
29	陆家嘴信托	上海陆家嘴金融发展有限公司	71.61
30	苏州信托	苏州国际发展集团有限公司	70.01
31	国联信托	无锡市国联发展(集团)有限公司	69.92
32	华鑫信托	中国华电集团资本控股有限公司	69.84
33	华能贵诚	华能资本服务有限公司	67.92
34	国通信托	武汉金融控股(集团)有限公司	67.51
35	建信信托	中国建设银行股份有限公司	67.00
36	重庆国信	同方国信投资控股有限公司	66.99
37	国投信托	国投资本控股有限公司	61.29
38	东莞信托	东莞金融控股集团有限公司	60.83
39	紫金信托	南京紫金投资集团有限责任公司	60.01
40	中原信托	河南投资集团有限公司	58.97
41	工商信托	杭州市金融投资集团有限公司	57.99
42	西部信托	陕西投资集团有限公司	57.78

续表

序号	公司简称	第一大股东名称	持股比例(%)
43	安信信托	上海国之杰投资发展有限公司	52.44
44	渤海信托	海航资本集团有限公司	51.23
45	光大信托	中国光大集团股份公司	51.00
46	华润信托	华润金控投资有限公司	51.00
47	百瑞信托	国家电投集团资本控股有限公司	50.24
48	华澳信托	北京融达投资有限公司	50.01
49	国元信托	安徽国元金融控股集团有限责任公司	49.69
50	山东国信	山东省鲁信投资控股集团有限公司	48.13
51	大业信托	中国东方资产管理股份有限公司	41.67
52	长安国信	西安投资控股有限公司	40.44
53	中融信托	经纬纺织机械股份有限公司	37.47
54	华宸信托	内蒙古交通投资(集团)有限责任公司	36.50
55	长城新盛	长城资产	35.00
56	陕西国信	陕西煤业化工集团有限责任公司	34.58
57	北京信托	北京市国有资产经营有限公司	34.30
58	中诚信托	中国人民保险集团股份有限公司	32.92
59	北方国信	天津泰达投资控股有限公司	32.33
60	国民信托	上海丰益股权投资基金有限公司	31.73
61	中泰信托	中国华闻投资控股有限公司	31.57
62	云南国信	云南省财政厅	25.00
63	新华信托	未披露	未披露
64	华信信托	未披露	未披露
65	华融国信	未披露	未披露
66	新时代信托	未披露	未披露
67	雪松信托	未披露	未披露
68	四川信托	未披露	未披露

表9-2　各信托公司第一大股东持股比例分布情况

年份	≥90%	[80%,90%)	[70%,80%)	[60%,70%)	[50%,60%)	[0%,50%)	披露公司数	持股比例50%以上占比(%)
2020	12家	9家	9家	9家	9家	14家	62家	77.42
2019	12家	8家	9家	9家	12家	18家	68家	73.53
2018	12家	8家	9家	8家	13家	17家	67家	74.63

由以上统计数据分析可以看出,2020 年有绝对控股地位的公司数量与 2019 年相比有所上升,因此所调查的信托公司股权高度集中和一股独大的情况在 2020 年更加明显。股权的高度集中导致控股股东对公司的控制力明显增强,有助于推动公司高级管理人员与股东尤其是控股股东的利益趋同,代理成本可以得到一定控制,在一定程度上有利于公司的经营激励。

但股权的高度集中会导致控股股东对公司的参与程度过高,导致董事包括独立董事、监事甚至中介机构缺乏独立性,加大了控股股东与中小股东的代理成本,缺少对控股股东的制衡力,进而导致较为严重的利益侵占问题。一股独大的股权结构不利于信托公司治理结构的科学化,可能存在控股股东凭借控股地位侵占公司资源的风险。

由以上分析可见,大多数的信托公司都存在此问题,因此如何设计合理的股权结构仍然是信托公司进行公司治理的关键。就关联交易数量来看(见表 9 - 3),由于我国信托行业市场化程度较低,关联交易现象普遍存在。在所统计的 68 家信托公司中,有 55 家披露了 2020 年的关联交易数量和金额,比 2019 年减少了 7 家。其中,关联交易共计 1699 起,总金额达到 135619712 万元,而 2019 年的关联交易为 1434 起,总金额为 103681533 万元。可见,2020 年我国信托行业总体关联数量有所增加,并且发生总额比 2019 年也有所增加。2020 年平均每家信托公司发生的关联交易金额为 2465813 万元,而 2019 年每家信托公司的关联交易金额为 1699697 万元。显而易见,2020 年信托行业关联交易的平均水平相比 2019 年有较大上升,并且上升幅度达 45.07%。

表 9 - 3　　信托公司关联交易额序列表

序号	公司简称	关联方数量	关联交易金额(万元)
1	中诚信托	54	429471
2	新华信托	未披露	未披露
3	华信信托	未披露	未披露
4	上海国信	5	-294976
5	中海信托	19	11930894
6	平安信托	35	2737417
7	厦门国信	26	753582
8	吉林信托	未披露	未披露
9	东莞信托	24	190730
10	西藏信托	1	8497
11	山西信托	3	12500

续表

序号	公司简称	关联方数量	关联交易金额(万元)
12	光大兴陇	17	12939726
13	中融信托	19	1466318
14	中信信托	40	213456
15	苏州信托	106	386741
16	外贸信托	9	6737
17	江苏国信	5	390824
18	华融国信	未披露	未披露
19	粤财信托	6	12675
20	天津信托	0	0
21	北方国信	1	599
22	百瑞信托	10	2904982
23	中原信托	79	1254461
24	华宸信托	2	8000
25	雪松信托	未披露	未披露
26	兴业信托	25	15321738
27	工商信托	1	9
28	建信信托	14	6530419
29	国民信托	未披露	未披露
30	华宝信托	7	211791
31	中泰信托	6	37483
32	英大信托	750	34760700
33	国联信托	4	601
34	安信信托	未披露	未披露
35	陕西国信	未披露	未披露
36	新时代	未披露	未披露
37	山东国信	未披露	未披露
38	华润信托	24	7933894
39	国元信托	16	135806
40	雪松国信	未披露	未披露
41	国投泰康	29	1490998
42	昆仑信托	4	1092584
43	长安国信	40	311460
44	西部信托	3	449
45	云南国信	3	25600
46	重庆国信	9	2764732

续表

序号	公司简称	关联方数量	关联交易金额(万元)
47	北京国信	20	279487
48	交银国信	5	2815283
49	渤海信托	10	1017367
50	中建投信托	2	3198
51	中铁信托	14	336736
52	陆家嘴信托	10	207722
53	爱建信托	17	110563
54	华能贵诚	7	8229899
55	中航信托	14	158494
56	华澳信托	19	11930894
57	金谷信托	8	2560480
58	国通信托	1	150000
59	四川信托	未披露	未披露
60	大业信托	未披露	未披露
61	华鑫信托	102	1093369
62	五矿信托	15	687117
63	中粮信托	18	572611
64	紫金信托	7	192416
65	长城新盛	2	83331
66	浙商金汇	10	8024
67	万向信托	10	1355
68	民生信托	12	-789534
合计		1699	135619712
平均		31	2465813

在2020年,信托行业关联交易金额最大的为英大信托,关联交易金额为34760700万元,位居第二的是兴业信托,关联交易金额为15321738万元,位居第三的是光大兴陇,关联交易金额为12939726万元。在披露相关信息的55家公司中,发生关联交易金额超过平均值2465813万元的公司数为13家,占比23.64%。发生关联交易最少的3家信托公司分别为西部信托、工商信托和天津信托,披露的关联交易金额分别为449万元、9万元和0万元。2020年信托行业信托公司关联交易金额排序见表9-4。

表 9－4　　2020 年信托行业信托公司关联交易金额排序

序号	公司简称	关联方数量	关联方交易金额(万元)
1	英大信托	750	34760700
2	兴业信托	25	15321738
3	光大兴陇	17	12939726
4	中海信托	19	11930894
5	华澳信托	19	11930894
6	华能贵诚	7	8229899
7	华润信托	24	7933894
8	建信信托	14	6530419
9	百瑞信托	10	2904982
10	交银国信	5	2815283
11	重庆国信	9	2764732
12	平安信托	35	2737417
13	金谷信托	8	2560480
14	国投泰康	29	1490998
15	中融信托	19	1466318
16	中原信托	79	1254461
17	华鑫信托	102	1093369
18	昆仑信托	4	1092584
19	渤海信托	10	1017367
20	厦门国信	26	753582
21	五矿信托	15	687117
22	中粮信托	18	572611
23	中诚信托	54	429471
24	江苏国信	5	390824
25	苏州信托	106	386741
26	中铁信托	14	336736
27	长安国信	40	311460
28	北京国信	20	279487
29	中信信托	40	213456
30	华宝信托	7	211791
31	陆家嘴信托	10	207722
32	紫金信托	7	192416
33	东莞信托	24	190730
34	中航信托	14	158494
35	国通信托	1	150000

续表

序号	公司简称	关联方数量	关联方交易金额（万元）
36	国元信托	16	135806
37	爱建信托	17	110563
38	长城新盛	2	83331
39	中泰信托	6	37483
40	云南国信	3	25600
41	粤财信托	6	12675
42	山西信托	3	12500
43	西藏信托	1	8497
44	浙商金汇	10	8024
45	华宸信托	2	8000
46	外贸信托	9	6737
47	中建投信托	2	3198
48	万向信托	10	1355
49	国联信托	4	601
50	北方国信	1	599
51	西部信托	3	449
52	工商信托	1	9
53	天津信托	0	0
54	上海国信	5	-294976
55	民生信托	12	-789534
56	国民信托	未披露	未披露
57	安信信托	未披露	未披露
58	陕西国信	未披露	未披露
59	新时代	未披露	未披露
60	山东国信	未披露	未披露
61	雪松国信	未披露	未披露
62	华融国信	未披露	未披露
63	湖南信托	未披露	未披露
64	华信信托	未披露	未披露
65	新华信托	未披露	未披露
66	大业信托	未披露	未披露
67	吉林信托	未披露	未披露
68	四川信托	未披露	未披露

由以上统计数据分析可知，与2019年相比，2020年我国信托行业的关联交易额有较

大幅度上升趋势,总体上依然保持在较高的水平,仍有13家信托公司的关联交易金额明显高于行业平均水平。虽然关联交易可以通过关联方彼此的信任实现高效有序的交易,达到降低交易成本、提高资金周转率、提高营运效率、避免信息不对称等目的,但频繁的关联交易也可能存在交易双方从中谋利、侵犯股东和中小投资者利益的情况,以及关联方违规挪用信托公司财产和无偿拖欠信托公司贷款的情况。因此,规范关联交易就成为信托行业的突出问题,也将成为监管机构关注的重点之一。

第二节　董事会结构分析

所统计的68家信托公司2020年的董事会设置情况显示(见表9-5),披露相关信息的58家信托公司的第一大股东都担任了董事长、监事或者其他高管职务。从总数来看,第一大股东对公司的经营决策仍然具有较高的掌控能力。在被研究的68家信托公司中,第一大股东兼任监事的共有48家,担任董事长并同时兼任总经理或者总裁一职的有30家,而该数据在2019年为31家,较2019年两职兼任的公司数量减少了1家。可见,第一大股东通过占有董事会席位来影响董事会决策的现象依旧普遍。通过兼任经营管理人员,董事可以行使总经理的权力,实现较为迅速的决策安排,可以节省相应的工资成本,并且在一定程度上降低了委托代理关系产生的代理成本。但这样安排会导致公司管理架构缺失,对公司管理层次的提升产生负面影响,影响职工工作热情,并且可能导致董事长行事专断。此外,一旦董事长没时间行使总经理权力,就容易造成董事会实际干预经营的局面,决策者对执行者的监督和制约作用更加无法发挥。股东、董事会与经营管理层之间并没有各司其职、明确分工,没有形成彼此之间的良性互动,对公司治理产生一定的不利影响。

表9-5　各信托公司董事会设置情况

序号	公司简称	第一大股东名称	担任高管职务
1	中诚信托	中国人民保险集团股份有限公司	董事
2	新华信托	未披露	未披露
3	华信信托	未披露	未披露
4	上海信托	上海浦东发展银行股份有限公司	董事长、董事、监事长、总经理
5	中海信托	中国海洋石油集团有限公司	董事长、董事、监事会主席、党委委员、党委副书记、总裁

续表

序号	公司简称	第一大股东名称	担任高管职务
6	平安信托	中国平安保险（集团）股份有限公司	董事长、董事、监事会主席
7	厦门国信	厦门金圆金控股份有限公司	董事长、董事、监事会主席、外部监事
8	吉林信托	吉林省财政厅	董事、监事长
9	东莞信托	东莞金融控股集团有限公司	董事长、董事、独立董事、监事会主席、总经理
10	西藏信托	西藏自治区财政厅	董事长、董事、独立董事、监事
11	山西信托	山西金融投资控股集团有限公司	董事长、董事、独立董事、党委副书记、总经理
12	光大信托	中国光大集团股份公司	董事长、董事、监事、总裁
13	中融信托	经纬纺织机械股份有限公司	董事长、副董事长、董事、监事会主席、监事、总经理
14	中信信托	中国中信有限公司	董事长、副董事长、董事、独立董事、监事会主席、监事、总经理
15	苏州信托	苏州国际发展集团有限公司	董事长、董事、独立董事、监事长、监事
16	外贸信托	中化资本有限公司	董事长、董事、独立董事、监事会主席、监事、总经理
17	江苏国信	江苏国信股份有限公司	董事长、董事、监事长、监事、总经理
18	华融国信	未披露	未披露
19	粤财信托	广东粤财投资控股有限公司	董事长、董事、独立董事、监事长、监事
20	天津信托	上海上实（集团）有限公司	董事长、董事、独立董事、监事
21	北方国信	天津泰达投资控股有限公司	董事
22	百瑞信托	国家电投集团资本控股有限公司	董事长、董事、执行董事、独立董事、监事、总经理
23	中原信托	河南投资集团有限公司	董事、监事
24	华宸信托	内蒙古交通投资（集团）有限责任公司	未披露
25	财信信托	湖南财信投资控股有限责任公司	董事长、董事、独立董事、监事会主席、股东监事、总裁
26	兴业信托	兴业银行股份有限公司	董事长、董事、监事长、总裁
27	工商信托	杭州市金融投资集团有限公司	董事长、董事、总裁
28	建信信托	中国建设银行股份有限公司	董事长、执行董事、董事、总裁
29	国民信托	上海丰益股权投资基金有限公司	副董事长
30	华宝信托	中国宝武钢铁集团有限公司	董事长、董事、独立董事、监事会主席、监事、总经理
31	中泰信托	中国华闻投资控股有限公司	董事长、董事、独立董事、监事会主席、股东代表监事
32	英大信托	国网英大国际控股集团有限公司	董事长、董事、监事会主席、总经理、副总经理
33	国联信托	无锡市国联发展（集团）有限公司	董事长、董事、独立董事、监事会主席

续表

序号	公司简称	第一大股东名称	担任高管职务
34	安信信托	上海国之杰投资发展有限公司	未披露
35	陕西国信	陕西煤业化工集团有限责任公司	未披露
36	新时代信托	未披露	未披露
37	山东国信	山东省鲁信投资控股集团有限公司	董事长、执行董事、非执行董事、监事
38	华润信托	华润股份有限公司	董事长、董事、监事
39	国元信托	安徽国元金融控股集团有限责任公司	董事长、董事、独立董事、监事长、总裁
40	雪松信托	未披露	未披露
41	国投信托	国投资本控股有限公司	董事长、董事、独立董事、监事会主席
42	昆仑信托	中油资产管理有限公司	董事长、董事、独立董事、监事会主席、监事、总裁
43	长安国信	西安投资控股有限公司	董事长、董事、独立董事、监事会主席
44	西部信托	陕西省电力建设投资开发公司	董事长、董事
45	云南国信	云南省财政厅	董事、独立董事、监事长
46	重庆国信	同方国信投资控股有限公司	董事长、董事、监事会主席、总经理
47	北京信托	北京市国有资产经营有限公司	董事长、总经理、董事
48	交银国信	交通银行股份有限公司	董事长、执行董事、董事、侯任董事、监事长、总裁
49	渤海信托	海航资本集团有限公司	董事长、董事
50	中建投信托	中国建银投资有限责任公司	董事长、董事、独立董事、监事会主席、监事、总经理
51	中铁信托	中国中铁股份有限公司	董事长、董事、监事长、监事
52	陆家嘴信托	上海陆家嘴金融发展有限公司	董事长、董事、监事会主席、监事、总经理
53	爱建信托	上海爱建集团股份有限公司	董事长、董事、监事长、监事、总经理、常务副总经理
54	华能贵诚	华能资本服务有限公司	董事长、董事
55	中航信托	中航投资控股有限公司	董事长、董事、监事会主席
56	华澳信托	北京融达投资有限公司	董事长、董事、独立董事、监事长、总裁(代行)
57	金谷信托	中国信达资产管理股份有限公司	董事长、董事、监事会主席、监事、代理总经理
58	国通信托	武汉金融控股(集团)有限公司	董事长、董事、监事长
59	四川信托	未披露	未披露
60	大业信托	中国东方资产管理股份有限公司	董事、独立董事、监事
61	华鑫信托	中国华电集团资本控股有限公司	未披露
62	五矿信托	五矿资本控股有限公司	董事长、董事、监事
63	中粮信托	中粮资本投资有限公司	董事长、董事、独立董事、监事会主席、总经理
64	紫金信托	南京紫金投资集团有限责任公司	董事长、董事、独立董事、监事会主席、总裁

续表

序号	公司简称	第一大股东名称	担任高管职务
65	长城新盛	长城资产	董事长、董事、独立董事、监事会主席、副总经理
66	浙商金汇	浙江东方金融控股集团股份有限公司	董事长、董事、独立董事、监事、总经理
67	万向信托	中国万向控股有限公司	董事长、董事、监事
68	民生信托	武汉中央商务区建设投资股份有限公司	董事长、副董事长、董事、独立董事、监事会主席、监事会副主席、监事

就董事会中董事数量而言（见表9－6），2020年披露相关信息的公司为61家，较2019年减少6家。依据调查，2020年各信托公司董事会成员总数为530人，与2019年董事会成员总数583人相比有所减少。2020年信托行业董事会平均人数为8人，与2019年平均人数持平，相比2018年均值显著上升。其中，董事会人数最多的是北京信托和万向信托，两家公司的董事会人数都是13人；其次是中诚信托、重庆国信、民生信托，董事会人数均为12人；再次是百瑞信托、中原信托、陕西国信和中建投信托，董事会人数均为11人；人数最少的为吉林信托，董事会人数为4人。可以看出，2020年董事会成员与上一年相比没有较大变化。对于董事会规模与公司绩效之间的关系，学界普遍认为存在明显的倒“U”形曲线关系，即人数过多会导致沟通不到位、决策效率低下、成本上升等问题，人数过少又难以实现真正的集体决策，一般认为7～8人为最佳人数标准。由以上的分析可以得知，我国信托公司的董事会规模结构与2019年相比变化不大，但同时也应该考虑信托行业的特殊性。

表9－6　董事数量

序号	公司简称	董事数量（人）
1	北京信托	13
2	万向信托	13
3	中诚信托	12
4	重庆国信	12
5	民生信托	12
6	百瑞信托	11
7	中原信托	11
8	陕西国信	11
9	中建投信托	11
10	平安信托	10
11	国联信托	10

续表

序号	公司简称	董事数量(人)
12	长安国信	10
13	上海信托	9
14	厦门国信	9
15	中信信托	9
16	江苏国信	9
17	北方国信	9
18	兴业信托	9
19	工商信托	9
20	建信信托	9
21	华宝信托	9
22	中泰信托	9
23	英大信托	9
24	华润信托	9
25	国元信托	9
26	国投信托	9
27	西部信托	9
28	云南国信	9
29	交银国信	9
30	华能贵诚	9
31	金谷信托	9
32	大业信托	9
33	五矿信托	9
34	中粮信托	9
35	长城新盛	9
36	浙商金汇	9
37	中海信托	8
38	西藏信托	8
39	光大信托	8
40	苏州信托	8
41	粤财信托	8
42	华宸信托	8
43	国民信托	8
44	山东国信	8
45	中铁信托	8
46	爱建信托	8

续表

序号	公司简称	董事数量(人)
47	东莞信托	7
48	山西信托	7
49	中融信托	7
50	外贸信托	7
51	天津信托	7
52	财信信托	7
53	昆仑信托	7
54	中航信托	7
55	国通信托	7
56	紫金信托	7
57	渤海信托	6
58	陆家嘴信托	6
59	华澳信托	6
60	华鑫信托	6
61	吉林信托	4
62	新华信托	未披露
63	华信信托	未披露
64	华融国信	未披露
65	新时代信托	未披露
66	雪松信托	未披露
67	四川信托	未披露
68	安信信托	未披露
合计		530
平均值		8.69

第十章　非财务信息披露情况分析

第一节 影响公司发展的有利因素分析

信托行业的特殊性要求在年报中披露影响公司发展的有利因素和不利因素。根据所调查的数据，关于影响公司发展前5位有利因素，在2020年被调查的信托公司中有44家公司认为是“监管体系和行业发展配套机制不断完善”；有40家公司认为是“经济平稳发展，宏观经济环境好”；有29家公司认为是“经济结构不断优化，新兴动能加快成长，质量效益明显提高”；有23家公司认为是“转型发展持续推动”；有12家公司认为是“消费需求对经济增长的拉动作用保持强劲”。相对而言，2019年被调查的信托公司普遍认为影响自身发展的前5位有利因素是：①监管体系和行业发展配套机制不断完善；②经济平稳发展，宏观经济环境好；③经济结构不断优化，新兴动能加快成长，质量效益明显提高；④实体行业及新兴行业的发展提供更广阔的业务拓展空间；⑤转型发展持续推动。2018年被调查信托公司普遍认为影响自身发展的前5位有利因素是：①经济平稳发展，宏观经济环境好；②经济结构不断优化，新兴动能加快成长，质量效益明显提高；③高净值人群的增长使得财富管理进一步深化；④监管体系和行业发展配套机制不断完善；⑤实体行业及新兴行业的发展提供更广阔的业务拓展空间。2017年被调查信托公司普遍认为影响自身发展的前5位有利因素是：①经济平稳发展，宏观经济环境好；②经济结构不断优化，新兴动能加快成长，质量效益明显提高；③高净值人群的增长使得财富管理进一步深化；④监管体系和行业发展配套机制不断完善；⑤实体行业及新兴行业的发展提供更广阔的业务拓展空间。

综上可以发现，过去4个年度影响信托公司发展的有利因素基本没有发生重大变动，宏观环境、行业环境和监管环境基本上都是大家认同的主要影响因素。与2019年相比，转型发展持续推动、消费需求的拉动为2020年影响信托公司自身发展的有利因素，主要得益于资管新规及细则的发布，以及金融供给侧结构性改革的持续推进。这也说明政策支持为信托业转型发展提供更强大的支撑，推动信托业回归本源，长远发展。此外，监管体系和行业发展配套机制不断完善也是几年间影响信托公司发展的共同的、主要的有利因素。当前信托业仍处于转型发展的阶段，需要监管部门不断推进信托制度与现有法律法规的融合，满足信托机构在业务发展等多方面的制度需求，从而有效促进行业健康、可持续发展。2020年影响信托业发展的有利因素具体分析如下。

一、监管体系和行业发展配套机制不断完善

2020年全年，银保监会不断深入完善监管体系和行业发展配套体系建设，发布了引导行业高质量发展的顶层设计文件，也出台了规范信托公司股权管理、资金信托业务等具体事项的文件。随着2020年一系列监管文件的陆续发布，信托行业的监管框架已趋完善。

从目前的形势看，2020年对于信托行业的影响比较大的监管政策主要是资管新规信托后期的信托相关配套政策，致力于从信托公司的股权结构、资本管理、业务规范等角度，去推动信托行业规范发展及业务转型。

表10－1　2020年部分出台文件

发布时间	发布单位	文件名称
2020年1月	银保监会	《关于推动银行业和保险业高质量发展的指导意见》
2020年2月	银保监会	《信托公司股权管理暂行办法》
2020年5月	银保监会	《信托公司资金信托管理暂行办法(征求意见稿)》
2020年6月	银保监会	《关于开展银行业保险业市场乱象整治“回头看”工作的通知》
2020年6月	银保监会	《关于信托公司风险资产处置相关工作的通知》
2020年7月	中国人民银行、银保监会	《优化资管新规过渡期安排　引导资管业务平稳转型》
2020年7月	中国人民银行、银保监会等	《标准化债券类资产认定规则》
2020年10月	银保监会	《关于开展新一轮房地产信托业务专项排查的通知》
2020年11月	银保监会	《信托公司行政许可事项实施办法》

如表10－1所示，2020年1月，银保监会发布《关于推动银行业和保险业高质量发展的指导意见》，要求信托公司回归“受人之托、代人理财”的职能定位，发挥信托产品的直接融资功能。

2020年2月，《信托公司股权管理暂行办法》中关于股东穿透监管、股东分类管理等制度实践，明确信托公司股东、信托公司、监管部门三方主体从股权进入到退出各阶段的

股权管理职责，对于促进信托业股权管理乱象治理、加强信托公司股权监管具有重要作用。

2020 年 5 月，《信托公司资金信托管理暂行办法（征求意见稿）》初步确立了资金信托的私募性质定位及资金投向限制等要求。

2020 年 6 月，银保监会下发《关于开展银行业保险业市场乱象整治“回头看”工作的通知》，要求信托公司宏观政策执行中，尤为强调房地产信托贷款中涉及的违规操作。同月，银保监会下发《关于信托公司风险资产处置相关工作的通知》，对风险业务提出了明确要求，并明确表态不会“一刀切”停止信托公司开展融资类信托业务，但是需要重点压降两类业务：一是各类金融机构借助信托通道开展监管套利、规避政策限制的融资类业务；二是信托公司偏离受托人定位，将自身作为“信用中介”，风险实质由信托公司承担，违法违规开展的融资类业务。

2020 年 7 月，虽然受新冠肺炎疫情影响，监管部门决定将资管新规过渡期延长至 2021 年底，但也明确指出不涉及资管新规相关监管标准的变动和调整。

2020 年 10 月，银保监会信托部向各地银保监局下发《关于开展新一轮房地产信托业务专项排查的通知》，要求继续严控房地产信托规模，严禁为资金违规流入房地产市场提供通道。

2020 年 11 月，《信托公司行政许可事项实施办法》强化了与其他监管政策和指导意见等有效衔接，进一步明确了信托公司行政许可准入标准；落实进一步对外开放政策，取消外资金融机构入股信托公司 10 亿美元总资产要求；强化监管导向，匹配行业发展实际，鼓励信托公司开展本源业务，引导信托公司完善公司治理，助推信托业转型发展。

在资管新规落地的政策背景下，各类配套细则政策频出，一方面反映了监管层整治市场乱象的决心，另一方面如央行、银保监会直接“窗口指导”，使行业转型方向更加明确、执行力度也更为“落地”——从金融市场活动主体、金融业务到更为细化的资金信托、房地产信托等，都给出“具体药方”。总体来看，2020 年对信托行业的监管仍处于比较严格的状态。未来随着对信托行业监管框架的不断完善，监管对信托行业转型发展起到越来越重要的引导作用，进一步强化监管导向，鼓励信托公司开展本源业务，引导信托公司完善公司治理，真正实现信托业转型发展。行业发展配套机制的不断完善和信托行业发展环境的优化，将进一步提高行业发展质量，增加行业发展潜力，为信托公司发展提供有效的法律和制度保障。

二、经济平稳发展，宏观经济环境好

2020年受新冠肺炎疫情影响，全球经济受到沉重打击。面对新冠肺炎疫情巨大冲击和复杂严峻的国内外环境，在宽松流动性和积极财政政策引导下，我国科学统筹疫情防控和经济社会发展，有力有效推动生产生活秩序恢复，支持、引导工业和服务业相续复工、复产、复市，促进和引导投资和消费不断改善，国民经济持续稳定恢复。

2020年，我国国内生产总值1015986亿元，比上年增长2.3%。其中，第一产业增加值77754亿元，增长3.0%；第二产业增加值384255亿元，增长2.6%；第三产业增加值553977亿元，增长2.1%。第一产业增加值占国内生产总值比重为7.7%，第二产业增加值占国内生产总值比重为37.8%，第三产业增加值占国内生产总值比重为54.5%。全年最终消费支出拉动国内生产总值下降0.5个百分点，资本形成总额拉动国内生产总值增长2.2个百分点，货物和服务净出口拉动国内生产总值增长0.7个百分点。分季度看，第一季度国内新冠肺炎疫情集中暴发，宏观经济出现短暂的断崖式负增长，GDP同比下降6.8%。第二季度国内疫情形势稳定控制，复工复产稳步推进，工业生产、投资率先修复，带动当季GDP同比增长3.2%。第三季度消费和出口全面发力，经济延续向好，单季GDP同比增速加快至4.9%，累计增速转正至0.7%，较上半年加快2.3个百分点。第四季度GDP同比增长6.5%，全年GDP增速收于2.3%，是全球主要经济体中唯一实现正增长的国家，显示出我国经济的强大修复能力和旺盛的生机活力。

在生活方面，2020年CPI与PPI走势明显收敛，CPI同比增速前高后低。上半年，受猪肉等食品价格上涨、第一季度新冠肺炎疫情扰动部分产品供给等因素带动，CPI同比增速维持在2.5%以上。下半年，随着生猪存栏量和出栏量提升，猪肉价格逐渐回归，叠加2019年的高基数，CPI同比增速出现明显下降，进而致使全年呈持续下行之势。其中，11月单月同比出现负值（-0.5%），为2009年10月以来的首次。

PPI同比增速降后缓升，呈现"V"形。受新冠肺炎疫情全球蔓延影响，上半年大宗商品价格遭受阶段性重创。其中，5月单月PPI同比增速创下近5年来最低值（-3.7%）。下半年，随着国内经济逐步回暖，企业开工、基建投资等明显好转，叠加同期国际油价低位回升，带动生产资料PPI、整体PPI同比降幅持续收敛，环比增速连续7个月为正。

在收入、消费方面，2020年全国居民人均可支配收入32189元，比上年增长4.7%，扣除价格因素，实际增长2.1%。按常住地分，城镇居民人均可支配收入43834元，比上年增长3.5%，扣除价格因素，实际增长1.2%。农村居民人均可支配收入17131元，比上年增长6.9%，扣除价格因素，实际增长3.8%。城乡居民人均可支配收入比值为2.56，比上年缩小0.08。全国农民工人均月收入4072元，比上年增长2.8%。

全国居民人均消费支出21210元，比上年下降1.6%，扣除价格因素，实际下降4.0%。其中，人均服务性消费支出9037元，比上年下降8.6%，占居民人均消费支出的比重为42.6%。

在工业方面，抗疫防疫的同时工业率先复苏，第三产业基本恢复，第一产业总体平稳。与疫情防控形势几乎同步，第二季度以来，随着复工复产复商复市稳步推进，农业、工业、服务业增速均明显反弹，并且复苏态势愈加明朗——其中工业最为亮眼，部分行业率先进入主动补库存阶段，提振工业生产，增速在第二季度即恢复至疫情前水平。疫情对服务业打击最为明显，但受益于国内精准防疫措施带动生活秩序稳步恢复，以及线上服务爆发式增长、压抑需求释放等因素，服务业生产指数同比增速逐月回升，至2020年年末已超过2019年同期水平，第四季度第三产业GDP同比实现超预期增长，并成为当季经济增长的主要动力。农业同比增速总体稳定，其中生猪出栏同比降幅明显收窄，存栏呈恢复增长态势。

在对外贸易方面，对外贸易实现超预期增长，净出口对GDP形成正向拉动。全年货物进出口总额321557亿元，比上年增长1.9%。其中，出口179326亿元，增长4.0%；进口142231亿元，下降0.7%。货物进出口顺差37096亿元，比上年增加7976亿元。出口方面，全球新冠肺炎疫情蔓延导致供给紧平衡，我国产业链相对完备的优势凸显，在全球供给端的作用得到强化。同时，防疫物资出口高增等推动贸易顺差持续扩大，出境游、留学等基本停滞导致服务贸易逆差收窄。下半年国内投资、消费稳步回暖，人民币升值利好等，对原材料和中间品进口产生较强拉动。以人民币计，2020年我国进出口、出口总值双创历史新高，国际市场份额创历史最好纪录。

在汇率方面，人民币汇率总体强势。2020年，各国疫情发展形势是汇率的重要短期影响因素。以4月、5月为分水岭，在此之前人民币对美元出现较为明显的贬值趋势，这期间国内处于防疫最吃劲的阶段，疫情防控的比较优势尚不够突出。第二季度起国内疫情形势好转，第三季度海外疫情反弹，全球经济继续遭受冲击，美联储宽松货币政策预期不减，美元指数整体呈下滑趋势。同时，我国抗疫成效显著，经济率先复苏，有力支撑人民币对美元汇率强势走高，12月上旬美元对人民币中间价报6.53，人民币走出了12年来最强单季走势。下半年人民币对美元快速升值主要有以下四个方面原因:其一,我国经济率先复苏,基本面相对美国占优;其二,我国货币政策边际收紧短端流动性,市场利率上行,中美利差走阔;其三,货物和服务贸易顺差持续回暖;其四,金融市场对外开放力度加大,人民币资产吸引力提升,证券投资项下资金流入对人民币汇率形成支撑。

总的来说,2020年全年,面对严峻复杂的国际形势、艰巨繁重的国内改革发展稳定任务,特别是新冠肺炎疫情的严重冲击,我国坚持高质量发展方向不动摇,统筹疫情防控和经济社会发展,经济运行逐季改善、逐步恢复常态,在全球主要经济体中唯一实现经济正增长,为信托业的转型发展奠定了坚实的经济基础。

经济决定金融,实体经济发展水平和质量从根本上决定金融发展水平和质量。2020年,信托业进一步强化了支持实体经济发展的认识,并以多种方式推动资金流入实体经济部门,信托投向结构不断改善。

截至2020年第四季度末,资金信托为16.31万亿元,同比2019年第四季度末17.94万亿元下降9.09%,净减少1.63万亿元;环比第三季度末17.23万亿元下降5.36%,净减少0.92万亿元。从资金信托在五大领域占比来看,2020年第四季度末排序为工商企业(30.41%)、基础产业(15.13%)、房地产业(13.97%)、证券市场(13.87%)、金融机构(12.17%)。呈现"一降一升"的显著特征:一是2020年四个季度房地产业占比持续下降,至第四季度趋稳;二是2020年四个季度证券市场占比呈现增长态势,第一季度占比为10.97%,第四季度占比则上升到13.87%(见图10-1)。

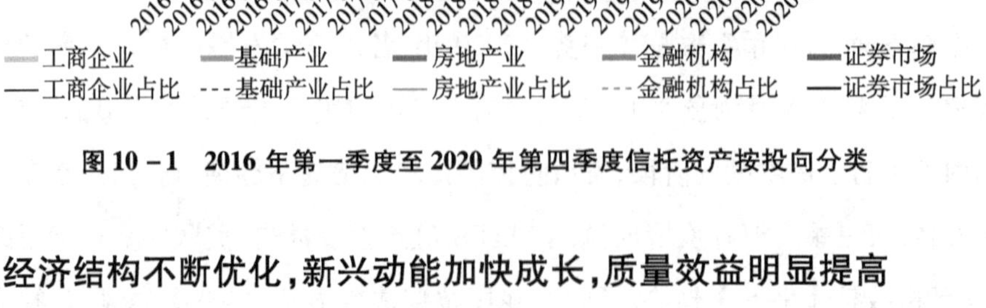

图10-1 2016年第一季度至2020年第四季度信托资产按投向分类

三、经济结构不断优化,新兴动能加快成长,质量效益明显提高

2020年是"十三五"的收官之年,在整个"十三五"期间,促进消费为中国经济带来很

多新生动力，供给侧结构性改革也进行得如火如荼，经济结构不断优化，新兴动能加快成长，质量效益明显提高。

疫情期间新产业、新业态、新模式不断涌现，诸如远程办公、视频会议、在线教育、无人配送等新模式迅速普及，云计算、大数据、人工智能等新技术快速发展，数字经济、智能制造、生命健康等新产业发展壮大。

2020 年上半年，规模以上工业战略性新兴产业增加值比上年同期增长 2.9%，规模以上高技术制造业增加值同比增长 4.5%，而全部规模以上工业增加值同比下降 1.3%。

同时，新经济、数字经济发展值得关注。在高技术制造业中，医疗制造、计算机及办公设备制造业投资分别增长 28.4%、22.4%，高技术服务产品中电子商务服务业、信息服务业投资分别增长 20.2%、15.2%。

生产方面，"高技术""高附加值"产品成为工业制品主力。2020 年中国手机、微型计算机和彩电等产品产量分别为 14.7 亿部、3.8 亿台和 1.9 亿台，均占全球总产量的 70% 以上。汽车产量达到 2532.5 万辆，连续多年稳居全球第一。新产业、新业态、新商业模式蓬勃发展，新动能保持高速增长。2020 年，规模以上工业高技术制造业增加值比上年提高 7.1%，高于全部规模以上工业增加值增速 4.3 个百分点。

以新技术为引领的相关服务业营业收入保持增长。2020 年 1—11 月，规模以上高技术服务业、科技服务业和战略性新兴服务业营业收入增速分别为 12.0%、11.0% 和 8.6%。2020 年，网上商品零售保持较快增长，全国实物商品网上零售额比 2019 年增长 14.8%。

需求结构进一步优化，2020 年第一季度末到第四季度末，消费对 GDP 增长的拉动作用提高了近 7 个百分点，增幅居"三驾马车"之首，并且是第四季度 GDP 超预期回升的主要拉动力。

随着供给侧结构性改革的持续深入，我国经济结构不断优化，新兴动能持续增长，信托行业的质量效益也得到了明显提高。信托行业采取有效措施，积极转型发展，用实际行动响应国家重大战略及其政策。其中，服务支持实体经济是金融供给侧结构性改革的核心要求，也是信托业转型的重要方向。此外，在日益严厉的"去通道"监管环境下，2020 年的信托业务结构变化同样明显，事务管理类信托、融资类信托资金数与占比均明显下降，唯有投资类资金比 2019 年第四季度末增加 13233.39 亿元。随着通道类业务占比的不断下降，信托业回归主业成效显著。如图 10 - 2 所示，2019 年和 2020 年，基础产业信托规模超越金融机构和证券市场成为资金信托投向的第二大领域，分别占比 15.72% 和 15.13%，分别高于金融机构 13.96% 和 12.17%，高于证券市场 10.92% 和 13.87%。2020 年第四季度末投向基础产业的资金信托金额为 2.47 万亿元。

四、转型发展持续推动

2020 年 5 月，银保监会发布《信托公司资金信托管理暂行办法（征求意见稿）》［即《资金信托新规（征求意见稿）》］，要求集合资金信托非标准化债权类资产的配置比例不得超过 50%，为信托业务转型提供了明确指引。2020 年，信托公司根据《资金信托新规（征求意见稿）》等监管文件的要求，在标品信托、资产证券化、服务信托等领域开展业务创新，取得了较好的进展。

标品信托并非信托公司传统擅长的业务领域，但加大标准化资产的配置力度，将非标资产的配置比例降至 50% 以下，已成为多数信托公司面临的紧要问题。2020 年信托机构在“标品”领域持续发力。据统计，2020 年 1—12 月，信托行业新发行的证券投资信托规模和数量逆势上升，发行数量为 4043 只，同比增长超 100%，占比也由 2019 年同期的 24.77% 上升至 2020 年的 60.56%。数据显示，截至 2020 年 12 月底，集合信托市场共成立 107 款证券类信托产品，总规模达 77.2 亿元。对比上年同期成立的 40.4 亿元规模，资金入市热情明显提升。从月度数据看，金融类产品成立规模也大幅攀升。统计数据显示，11 月金融类信托募集资金 750.96 亿元，环比增长 34.68%，其中证券类信托募集规模接近 300 亿元。信托公司转型步伐明显加快，不断发力转型创新产品，如 TOF、TOT、MOM 等资产配置型产品，债券及固收 + 类投资信托产品，以及与阳光私募合作的证券投资信托产品等都是重点发力品种。截至第三季度末，投资类信托余额为 5.68 万亿元，较第二季度末增加 4257.06 亿元，而同期融资类信托和事务管理类信托余额则分别减少了 4966.43 亿元和 3473.03 亿元。综观 2020 年，信托行业产品结构实现深度调整。

此外，家族信托、资产证券化等服务信托同样表现亮眼，成为信托转型重要探索方向。中信登相关数据显示，截至 2020 年末，家族信托规模较年初增长 80.29%，连续四个季度上升，环比增幅分别为 11.2%、8.34%、35.94% 和 10.09%。而建信信托、山东信托、中融信托、中信信托的家族信托业务规模排名居前，四者规模占比合计超 60%。

相关年报显示，截至 2020 年年末，建信信托的家族信托实收资产规模突破 650 亿元；

中信信托的家族信托和保险金信托客户超过 3000 名，累计受托资产规模近 500 亿元，同比增长 44%；山东信托管理的家族信托已签订合同金额突破 149.5 亿元，其中实际交付的信托资产规模为 145.25 亿元，同比增长 43.81%。

2020 年末资产证券化产品规模约 2.5 万亿元，较年初增长 57.37%，其中第四季度单季环比增幅最大，为 27.29%。目前已有 44 家信托公司开展资产证券化业务，其中排名前 3 的信托机构（建信信托、华能信托、华润信托）资产证券化业务规模占比合计超 50%，头部效应较为明显。如图 10－2 所示。

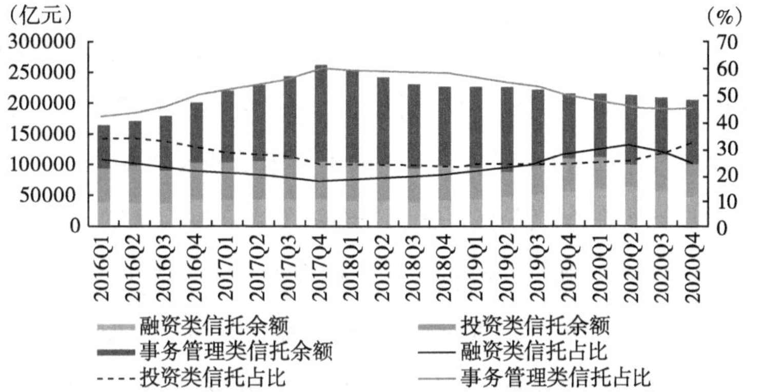

图 10－2　2016 年第一季度至 2020 年第四季度信托资产按功能分类的规模与占比

五、消费需求对经济增长的拉动作用保持强劲

2020 年上半年消费受疫情冲击较大，但下半年出现明显反弹，从第一季度末到第四季度末，消费对 GDP 增长的拉动作用提高了近 7 个百分点，增幅居“三驾马车”之首，并且是第四季度 GDP 超预期回升的主要拉动力。这一点从社会消费品零售总额同比增速变化趋势上得到了进一步印证，从第三季度起，社会消费品零售总额月度同比均保持正增长，年末累计同比降幅较年内低点大幅收窄超 16 个百分点。其中 2020 年线上消费对稳定消费发挥了重要作用，实物网上商品零售额在社会消费品零售总额的占比全年保持在 20% 以上，为有数据记录以来的最高水平。

中央金融工作会议强调，要关注消费的驱动力量，促进产业和消费“双升级”，要充分挖掘超大规模市场优势，发挥消费的基础作用和投资的关键作用。2020 年年初中央召开的多个会议均强调关注消费者权益保护工作。从消费金融行业发展的外部环境看，消费金融行业目前处于发展的旺盛期。随着居民收入提高、消费需求升级，消费金融行业

2020年迎来大爆发,成为金融领域的又一风口。除了介入较早的外贸信托、中航信托,目前陕国投、中泰信托等公司也在争相发力消费金融业务,谋求转型发展,消费金融业务属于目前竞争角逐比较激烈的业务领域。

第二节 影响公司发展的不利因素分析

被普遍认可的2020年不利于信托公司发展的因素按其重要性排在前5位的有:有46家公司认为是"国外经济不确定性因素增加,我国经济面临下行压力(中美贸易摩擦、新冠肺炎疫情)";有37家公司认为是"全面从严监管升级";有27家公司认为是"信托行业竞争日趋激烈";有23家公司认为是"信托业转型压力日益加大";有16家公司认为是"宏观经济波动性加大"。2019年被普遍认可的不利于信托公司发展的因素按其重要性排在前5位的有:①全面从严监管升级;②国外经济不确定性因素增加,我国经济面临下行压力(中美贸易摩擦、新冠肺炎疫情);③信托业转型压力日益加大;④信托行业竞争日趋激烈;⑤跨市场风险管理难度加大,部分金融产品交易复杂,风险管控能力需提升。2018年同2019年。2017年被普遍认可的不利于信托公司发展的因素按其重要性排在前5位的有:① 全面从严监管升级;②信托业转型压力日益加大;③资管新规对通道业务的禁止会使公司通道业务受限,业务管理规模有所下降;④行业发展增速持续放缓;⑤相关配套制度仍待进一步完善。2016年不利于信托公司发展的因素按其重要性排在前5位的有:①宏观经济持续下行,利率下降,部分宏观调控政策增加了传统信托融资风险;②经济进入新常态,信托公司传统的行业投向利润收窄、风险增加;③市场不确定性增加,金融市场波动大,业务风险管理压力加大;④资产管理市场同质化竞争加剧,优质业务机会少,信托行业处于弱势地位;⑤信托传统业务难以支撑营收增长,新的增长点尚未形成,行业进入转型和创新的关键时期。

根据对过去5个年度影响信托公司发展的不利因素分析来看,行业发展增速放缓、配套制度不完善及资管新规等方面对行业业务影响的重要程度减小,不再属于前5位;而全面从严监管升级、国外经济不确定因素增加使我国经济面临下行压力、信托行业自身的转型压力、行业竞争以及跨市场风险管理难度加大等方面成为主要因素。2020年信托业发展的不利因素具体分析如下。

一、国外经济不确定性因素增加,我国经济面临下行压力

受2020年年初发生的新冠肺炎疫情影响,全国大部分经济产业、实业企业发展受到延迟复工影响,第一产业和第二产业的供给明显减少,第三产业需求受到挤压,在部分行业、地区尤其明显,疫情短期内将对经济造成冲击,经济发展速度放缓,相应的实体企业尤其是中小企业、部分行业上市公司将受到严重的冲击,企业违约的风险将增大,实业经营的不利因素将传导到金融机构内部。

当前,国际疫情仍在持续蔓延,世界经济深度衰退,保护主义、单边主义盛行,不稳定不确定因素明显增多。国内疫情防控取得重大战略成果,经济运行呈现稳定转好发展态势,但经济持续复苏仍面临不少困难和阻力。

外部风险因素依然较多:一是国际疫情防控形势依然严峻。目前全球新冠肺炎确诊病例仍连续上涨,美国、巴西、印度等国新增病例还在大量增加,英国、法国、俄罗斯等国家疫情仍未得到有效防控,一些国家"带疫解封"加大了疫情扩散风险。为防范境外疫情输入,我国将不得不加大边境和口岸人员、货物等出入境的管控和检验检疫力度,这势必会影响到企业跨境贸易、投资、商务活动的正常开展,特别是同国际市场联系紧密的外贸企业和跨国经营企业受到的影响更大。二是世界经济严重衰退带来的外部风险增多。国际货币基金组织预测,2020年世界经济将下降4.9%,世界贸易量将下降11.2%,为战后最严重的衰退。如果出现"二次疫情冲击",世界经济衰退程度还会更深,持续的时间也会更长。三是单边主义、保护主义盛行加大了外部环境的不确定性。面对疫情冲击和经济困境,一些国家在向外"甩锅"的同时不断强化单边主义、保护主义措施,不仅拖累了全球疫情防控,而且严重干扰全球产业链、供应链的正常运转,加大了世界经济的不确定性。特别是美国顽固奉行霸权主义和霸凌主义,以种种莫须有"罪名"对我国全方位施压,中美冲突摩擦已从经贸、科技、金融领域向政治、安全、军事、外交领域升级,我国发展的外部环境更加复杂严峻。本来疫情使得全球产业链、供应链正常运转受到影响,这样的保护主义措施会进一步影响全球供应链、产业链的正常运转。所以世界经济复苏存在更大的不确定性,外部环境也更加复杂严峻,这是今后面临的一些挑战。

二、全面从严监管升级

近年来,金融监管趋严已成为常态,对信托行业的监管同样如此。2020年,银保监会

再次启动市场乱象整治回头看工作。对信托公司的市场乱象整治主要集中宏观政策执行、公司治理、影子银行和交叉金融业务、融资类信托业务、非金融子公司管理、经营管理、创新业务等七个方面。在宏观政策执行方面,涉及整治违规开展的房地产信托业务与 2019 年银保监会开展的市场乱象整治工作一脉相承,信托公司的房地产业务仍然处于严格的管控环境下。

2020 年,压降融资类信托是信托行业发展的一项大事。6 月,银保监会下发《关于信托公司风险资产处置相关工作的通知》,明确要求信托公司压降违法违规严重、投向不合规的融资类信托业务。2020 年的市场乱象整治也将"融资类信托"单列为一项,明确提出将"未按监管要求制定融资类信托业务压缩计划并有效落实"作为整治内容。总体上看,2020 年对信托业务的监管并未放松,压降融资类信托的监管要求对信托公司传统业务的开展产生了一定影响。

2020 年堪称信托严监管年。2 月《信托公司股权管理暂行办法》对信托行业股东管理提出新的要求;3 月监管要求全行业压降 1 万亿元具有影子银行特征的融资类信托业务;5 月《信托公司资金信托管理暂行办法(征求意见稿)》初步确立了资金信托的私募性质定位及资金投向限制等要求;7 月虽然受疫情影响,监管部门决定将资管新规过渡期延长至 2021 年底,但也明确指出不涉及资管新规相关监管标准的变动和调整;8 月房地产行业"三道红线"政策对房地产信托项目影响较大;11 月信托行业进行新一轮房地产信托业务专项排查。此外,伴随着一系列监管政策出台,截至 2020 年 9 月,已有 8 家信托公司收到银保监会开出的罚单,合计罚没金额达 1753 万元。这一系列举措均反映出监管部门对信托行业不动摇的严监管趋势,也反映出监管对信托行业创新转型、回归本源的

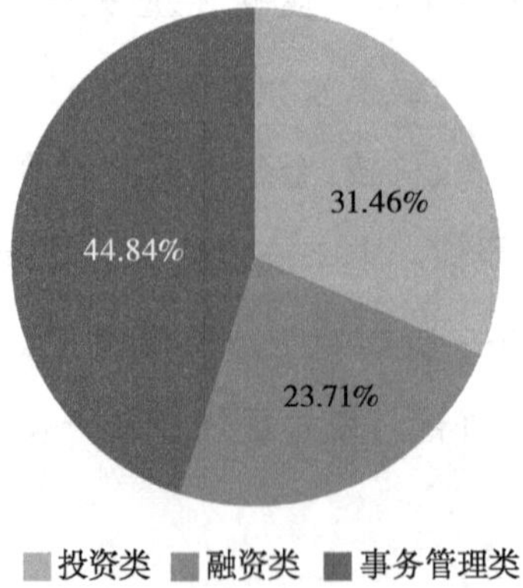

图 10－3　信托资产按功能分类的占比

迫切希望。在这一背景下,信托公司过去长期依赖的融资类、通道类、非标类业务将面临极大的转型压力,传统业务转型创新业已成为信托公司未来的必然选择。

三、信托行业竞争日趋激烈

由于经济环境变化、金融环境变化以及监管环境变化,信托传统主导业务模式呈现“需求递减、风险递增、竞争加剧”的特征。随着监管机构对信托行业“脱渠道”要求进一步加强,中国信托行业资产规模持续下降。另外,在“房住不炒”的战略要求下,作为信托资金主要应用领域的房地产信托规模增长趋于停滞,压降融资类和通道类业务导致资金信托的规模整体下降。

2020 年,多家信托公司经营出现重大变化。5 月,安信信托披露重大重组事项。7 月,新时代信托和新华信托被接管。临近 2020 年年末,四川信托也被实施管控。伴随严监管态势持续,部分信托机构因无法适应新的市场环境而陷入“阵痛阶段”。2020 年第一季度末,信托业资产风险率为 3.02%,较 2019 年末的 2.67% 提升 0.35 个百分点。信托业风险进一步暴露,信托业经营出现分化。

行业内竞争激烈,分化严重。2019 年,信托行业马太效应凸显,前 10 家公司的净利润总额占行业一半以上。数据显示,华能信托、平安信托、五矿信托位于行业净利润前 3 位,前两家公司的净利润均超 30 亿元。2020 年净利润排名前 10 的信托公司合计净利润为 250.81 亿元,占行业 62 家信托公司净利润总额的 51.07%。对比而言,2019 年前 10 家公司的净利润为 252.73 亿元,占比 46.71%。可以看出,2020 年信托行业净利润越来越向头部公司集中。一方面,外部环境复杂多变,尤其是风险因素对于信托公司经营考验较大,部分中小信托公司抵御风险能力不强。另一方面,信托业处于转型关键时期,大型信托公司转型思路更清晰,资源投入更大,成效显现。而中小信托公司在此方面相对滞后,传统业务增长受限,发展动力不足。行业内业绩分化明显,中小信托公司面临更大的生存压力。

行业间竞争形势严峻。虽然全国各地在信托行业的政策规范方面有一定差异,但是当前监管机构对于信托行业的强严监管以及“脱渠道”要求,再加上银行、基金、房地产等其他信托行业的关联行业的冲击,行业分化呈加剧趋势,竞争趋于激烈。银行理财子公司获得独立法人。整体而言,同时开展公募、私募业务,投资门槛的大幅降低有助于吸纳更多的闲散资金,对信托业务产生较大的冲击,信托行业发展竞争加剧。

四、信托业转型压力日益加大

2019年起监管机构调控措施频出,强力引导信托业转型。2020年,信托资产总规模降至20.49万亿元,相较于2017年的历史峰值减少5.76万亿元,并进一步由高速增长向高质量发展转变。信托行业资产规模的持续缩水,折射出行业转型的压力。

监管对行业转型的要求已经明确。2020年8月,央行宣布资管新规过渡期延长至2021年年底,信托公司资金信托业务对照资管新规进行整改的时限也相应延长。此外,新的监管政策对信托公司集合融资类信托、交易对手集中度、固有资金投资信托计划比例以及关联交易等方面,均提出了严格的指标要求,信托公司将面临刚性的转型压力。

融资类信托的收入贡献难以长期持续。尽管自2018年以来信托行业管理的资产规模持续下降,但融资类信托仍是信托公司的重要收入来源。融资类信托项目的存续期一般在两年左右,在监管部门要求压降融资类信托规模的形势下,存续的融资类信托仍可为信托公司贡献一定收入。2021年信托行业的收入基础预计仍有一定支撑,但这种支撑难以持续。因此,2021年将是信托公司加快转型布局、加大转型投入、加速转型步伐的重要时间窗口。

五、宏观经济波动性加大

2018年世界GDP增速由2017年的3.2%放缓至3.0%,2019年四个季度GDP增速分别为3.1%、2.5%、2.5%和2.0%,全年平均2.4%,连续两年放缓。在世界经济增长乏力的背景下,2020年新冠肺炎疫情暴发并在全球蔓延,与全球贸易紧张局势产生叠加影响,世界经济深度衰退。

近年来中国外贸依存度虽持续下行,但相对欧、美、日等发达经济体仍处于偏高水平,中国对国际市场的依赖程度仍然很高。2020年,中国外贸依存度由60%以上下降到30%多,但仍高于美国(19.32%)、日本(28.07%)、欧盟(28.87%),部分行业的依存度更高至50%左右。在面临国际疫情严峻、全球经济衰退的国际大环境下,宏观经济的波动具有较大的不确定性。

由于受新冠肺炎疫情、市场需求不旺、订单减少等因素影响,大部分制造业企业停工停产,还有大量中小企业倒闭。出于疫情防控需求,第三产业中的交通、旅游、住宿餐饮、娱乐等行业承受剧烈冲击。2020年春运,全国旅客运输量同比下降50.3%;餐饮、旅游、娱乐等行业在春节假期的直接经济损失超过 1 万亿元。2020 年 1—2 月，全国服务业生产指数同比下降 13.0%，较 2019 年 12 月（增长 6.8%）大幅下降。服务业部分需求错过春节旺季，后续难以完全回补，恢复较缓慢。

工商企业一直是信托资金投向的第一大配置领域。2020 年年末，投向工商企业的信托资金总额为 4.95 万亿元，占比 30.41%；投向基础产业领域的信托资金总额为 2.82 万亿元，占比 15.72%，投向房地产领域的信托资金总额为 2.27 万亿元，占比 13.97%；投向金融机构的信托资金总额为 1.98 万亿元，占比 12.17%。信托资金投向证券市场（股票）5351 亿元，占比 3.28%；投向证券市场（基金）2344 亿元，占比 1.44%；投向证券市场（债券）1.49 万亿元，占比 9.15%。受宏观经济波动的影响，投向工商企业、房地产、金融机构的信托资金连续四个季度持续下降，投向基础产业的金额也从第二季度开始持续下降。如图 10－4 所示。

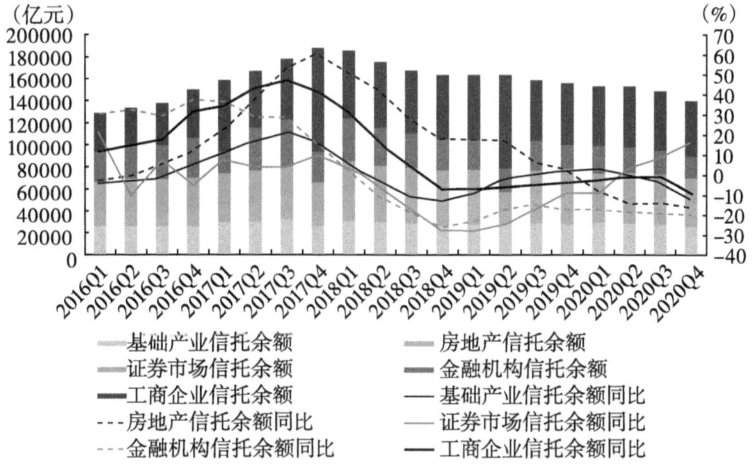

图 10－4　2016 年第一季度至 2020 年第四季度信托资产按投向分类的规模及其增长情况

附录　中航信托股份有限公司 2020年度报告(摘要)

中航信托股份有限公司2020年度报告(摘要)

1. 重要提示

1.1　本公司董事会及董事保证本报告所载资料不存在任何虚假记载、误导性陈述或者重大遗漏,并对其内容的真实性、准确性和完整性承担个别及连带责任。

1.2　本公司独立董事对年度报告内容的真实性、准确性、完整性无异议。

1.3　本公司董事长姚江涛、总经理兼总会计师周祺保证年度报告中财务报告的真实和完整。

2. 公司概况

2.1　公司简介

2.1.1　公司法定名称

中文:中航信托股份有限公司

英文:AVIC Trust Co. ,Ltd.

2.1.2　公司法定代表人:姚江涛

2.1.3　公司注册地址:江西省南昌市红谷滩新区会展路1009号航信大厦

邮编:330038

互联网网址:www. avictc. com

电子邮箱:zhxt@ avictc. com

2.1.4　公司负责信息披露事务的高级管理人员:罗国华

办公电话:0791 - 86667992

办公传真:0791 - 86772268

电子邮箱:zhxt@ avictc. com

2.1.5　公司选定的信息披露报纸:《金融时报》《证券时报》《上海证券报》

2.1.6　年报备置地点:江西省南昌市红谷滩新区会展路1009号航信大厦

2.1.7　公司聘请的会计师事务所:中审众环会计师事务所(特殊普通合伙)

办公地址:北京朝阳区工体北路甲2号盈科中心A座25层

2.1.8　公司聘请的律师事务所:北京市君泽君律师事务所

办公地址:北京市西城区金融大街9号金融街中心南楼六层

2.2　组织结构图(略)

3. 公司治理(略)

4. 经营管理

4.1　经营目标、方针、战略规划

4.1.1　经营目标

成为"备受信赖 专业领先 广获尊重的金融整合服务商"

4.1.2　经营方针

持续转型、优化组织、防化风险、稳健发展

4.1.3　战略规划

以实现可持续增长和高质量发展为目标,积极践行ESG理念,塑造另类投资、资产管理和财富管理三大战略业务的核心能力与专业品牌,及与之相匹配的组织运营体系,通过智慧与资源的整合,为客户提供专业化、全方位的金融解决方案。实现客户、社会、股东和员工"四位一体"的分享型价值创造和价值增长。

4.2　所经营业务的主要内容

报告期内,公司主要开展业务分为信托业务和固有业务。其中,信托业务为主营业务,主要包括另类投资、资产管理和财富管理业务;固有业务主要包括贷款、金融产品投资和金融股权投资业务。

4.2.1　信托业务

4.2.1.1　另类投资业务

凭借对行业和领域的专业化认知与运营能力,通过设计产品结构,创设金融产品,并作为管理人控制风险,将募集资金投资运用于特定企业或项目,取得融资固定收益或分享企业成长收益。

4.2.1.2　资产管理业务

以金融资产为配置对象,按照一定的配置策略创设金融产品,对资产进行管理和运用,形成投资组合,为客户获取长期、稳定的收益回报。

4.2.1.3　财富管理业务

依托在账户管理、财产独立、风险隔离等方面的制度优势和服务能力,为高净值个人客户、金融机构及工商企业提供专业化的财富管理解决方案,以及资产管理服务以外的资产流转,资金结算,财产监督、保障、传承、分配等受托服务的信托业务。

4.2.2　固有业务

4.2.2.1　贷款

为优质企业提供固有资金贷款等综合金融服务,通过动产质押、房产抵押、土地抵押和连带责任担保等增信方式审慎开展贷款业务,提高公司固有资金使用效率和收益水平。

4.2.2.2　金融产品投资

主要以信托产品投资和债券交易业务为主。公司坚持稳健性原则,谨慎投资,在该类业务上保持平稳发展,逐步拓展投资范围,合理配置资金,满足流动性需求。

4.2.2.3　股权投资

均为金融股权投资,对公司优化固有资产配置、获得长期稳定投资收益、拓展信托业务合作、加强客户积累、提升品牌形象等方面发挥了积极的作用。

4.2.3 主要业务的资产组合与分布

4.2.3.1 固有资产运用与分布表

表 4.2.3.1

金额单位:人民币万元

资产运用	金额	占比(%)	资产分布	金额	占比(%)
货币资产	235,058.03	14.16	基础产业	38,122.04	2.30
交易性金融资产	1,203,421.46	72.51	房地产业	110,231.65	6.64
贷款及应收款项等	93,137.13	5.61	证券市场	226,786.14	13.66
其他权益工具投资	111,200.00	6.70	工商企业	506,305.68	30.51
固定资产	6,987.39	0.42	金融机构	332,112.89	20.01
其他	9,904.98	0.60	其他	446,150.60	26.88
资产合计	1,659,708.99	100.00	资产合计	1,659,709.00	100.00

4.2.3.2 信托资产运用与分布表

表 4.2.3.2

金额单位:人民币万元

资产运用	金额	占比(%)	资产分布	金额	占比(%)
货币资产	1,282,628.27	1.92	基础产业	5,842,049.45	8.76
贷款	20,649,983.89	30.98	房地产	11,636,271.10	17.46
交易性金融资产	2,247,184.09	3.37	证券市场	9,622,135.63	14.44
可供出售金融资产	19,171,478.90	28.76	实业	14,980,866.14	22.48
持有至到期投资	2,081,642.61	3.12	金融机构	4,821,966.60	7.23
长期股权投资	10,825,168.72	16.24	其他	19,749,727.65	29.63
其他	10,394,930.09	15.60	—	—	—
信托总资产	66,653,016.57	100.00	信托总资产	66,653,016.57	100.00

5. 报告期末及上一年度末的比较式会计报表

5.1 固有资产

5.1.1 中审众环会计师事务所(特殊普通合伙)审计意见

中航信托股份有限公司财务报表在所有重大方面按照企业会计准则的规定编制,公允反映了中航信托股份有限公司 2020 年 12 月 31 日的财务状况以及 2020 年度的经营成果和现金流量。

5.1.2 资产负债表

金额单位:人民币万元

项 目	2020 年 12 月 31 日		2019 年 12 月 31 日	
	合并	母公司	合并	母公司
货币资金	235,058.03	233,354.30	112,289.65	111,086.02
拆出资金	0.00	0.00	0.00	0.00
应收款项	2,788.79	2,788.79	11,338.69	11,338.69
预付款项	239.44	239.44	289.45	289.45
其他应收款	49,216.33	48,956.27	56,420.56	56,418.42
发放贷款和垫款	40,892.57	40,892.57	46,529.76	46,529.76

续表

项 目	2020年12月31日		2019年12月31日	
	合并	母公司	合并	母公司
交易性金融资产	1,203,421.47	1,023,544.12	1,280,744.63	1,098,146.47
其他权益工具投资	111,200.00	111,200.00	123,598.16	123,598.16
可供出售金融资产	0.00	0.00	0.00	0.00
固定资产	2,932.27	2,932.27	4,551.59	4,551.59
无形资产	1,085.59	1,085.59	835.39	835.39
长期待摊费用	1,207.08	1,207.08	1,002.49	1,002.49
递延所得税资产	7,763.52	7,763.52	27,086.24	27,086.24
其他资产	3,903.90	172,116.19	2,355.31	169,835.47
资产总计	**1,659,708.99**	**1,646,080.14**	**1,667,041.92**	**1,650,718.15**

法定代表人:姚江涛　　主管会计工作的负责人:周祺　　会计机构负责人:刘燕

(二)资产负债表(续)

金额单位:人民币万元

项目	2020年12月31日		2019年12月31日	
	合并	母公司	合并	母公司
拆入资金	0.00	0.00	0.00	0.00
交易性金融负债	0.00	0.00	0.00	0.00
应付职工薪酬	11,303.06	11,303.06	15,474.40	15,474.40
应交税费	45,849.35	45,842.84	47,328.30	47,305.50
预收款项	3,811.11	3,811.11	11,119.36	11,119.36
应付股利	105,323.08	105,323.08	29,073.15	29,073.15
其他应付款	71,221.33	70,834.96	221,389.38	221,297.79
预计负债	0	0	8,898.02	8,898.02
递延所得税负债	16,800.00	16,800.00	36,574.46	36,574.46
其他负债	13,235.97	0.00	16,209.39	0.00
负债合计	**267,543.90**	**253,915.05**	**386,066.46**	**369,742.69**
实收资本	465,726.71	465,726.71	465,726.71	465,726.71
资本公积	117,474.98	117,474.98	117,474.98	117,474.98
其他综合收益	50,400.00	50,400.00	59,698.62	59,698.62
盈余公积	124,426.44	124,426.44	104,618.61	104,618.61
一般风险准备	94,333.27	94,333.27	84,089.27	84,089.27
未分配利润	539,803.69	539,803.69	449,367.27	449,367.27
所有者权益合计	**1,392,165.09**	**1,392,165.09**	**1,280,975.46**	**1,280,975.46**
负债和所有者权益总计	**1,659,708.99**	**1,646,080.14**	**1,667,041.92**	**1,650,718.15**

法定代表人:姚江涛　　主管会计工作的负责人:周祺　　会计机构负责人:刘燕

5.1.3 利润表

金额单位：人民币万元

项目	2020年度		2019年度	
	合并	母公司	合并	母公司
一、营业总收入	**376,851.91**	**376,462.14**	**358,357.75**	**357,158.17**
利息净收入	-1,862.95	-1,869.58	-9,843.85	-9,855.36
利息收入	2,327.94	2,321.31	3,905.21	3,893.70
利息支出	4,190.89	4,190.89	13,749.06	13,749.06
手续费及佣金净收入	382,603.45	382,603.45	358,565.40	358,565.40
手续费及佣金收入	382,856.35	382,856.35	358,912.36	358,912.36
手续费及佣金支出	252.90	252.90	346.96	346.96
投资收益	69,733.94	66,485.84	54,818.15	54,883.96
公允价值变动收益	-73,742.71	-70,877.74	-45,184.04	-46,437.91
汇兑收益	-2.68	-2.68	1.77	1.77
其他业务收入	121.31	121.31	0.00	0.00
资产处置收益	1.54	1.54	0.32	0.32
二、营业总支出	**114,715.97**	**114,326.20**	**101,634.61**	**100,493.92**
税金及附加	2,642.95	2,642.95	2,541.12	2,541.12
业务及管理费	104,795.90	104,406.14	98,781.20	97,640.50
研发费用	488.29	488.29	175.31	175.31
信用减值损失	6,767.05	6,767.05	136.99	136.99
其他资产减值损失	0.00	0.00	0.00	0.00
其他业务成本	21.78	21.78	0.00	0.00
三、营业利润	**262,135.94**	**262,135.94**	**256,723.14**	**256,664.26**
加：营业外收入	26.75	26.75	52.44	52.44
减：营业外支出	693.90	693.90	393.35	393.35
四、利润总额	**261,468.79**	**261,468.79**	**256,382.23**	**256,323.35**
减：所得税费用	**63,390.47**	**63,390.47**	**62,389.23**	**62,389.23**
五、净利润	**198,078.32**	**198,078.32**	**193,993.00**	**193,934.12**

法定代表人：姚江涛　　主管会计工作的负责人：周祺　　会计机构负责人：刘燕

5.1.4　所有者权益变动表

(一)所有者权益变动表(合并)　　金额单位:人民币万元

项目	2020年度(合并)						
	股本	资本公积	其他综合收益	盈余公积	一般风险准备	未分配利润	所有者权益合计
一、上年年末余额	465,726.71	117,474.98	59,698.62	104,618.61	84,089.27	449,367.27	1,280,975.46
加:会计政策变更							
二、本年年初余额	465,726.71	117,474.98	59,698.62	104,618.61	84,089.27	449,367.27	1,280,975.46
三、本年增减变动金额			-9,298.62	19,807.83	10,244.00	90,436.41	111,189.63
(一)综合收益总额			-9,298.62			198,078.32	188,779.70
(二)股东投入和减少资本							0.00
1. 股东投入的普通股							0.00
(三)利润分配				19,807.83	10,244.00	-107,641.90	-77,590.07
1. 提取盈余公积				19,807.83		-19,807.83	0.00
2. 提取风险准备					10,244.00	-10,244.00	0.00
3. 对股东的分配						-77,590.07	-77,590.07
4. 其他							0.00
(四)股东权益内部结转							0.00
1. 资本公积转增股本							0.00
四、本年末余额	465,726.71	117,474.98	50,400.00	124,426.44	94,333.27	539,803.69	1,392,165.09

法定代表人:姚江涛　　主管会计工作的负责人:周祺　　会计机构负责人:刘燕

(二)所有者权益变动表(合并)　　金额单位:人民币万元

项目	2019年度(合并)						
	股本	资本公积	其他综合收益	盈余公积	一般风险准备	未分配利润	所有者权益合计
一、本年年初余额	465,726.71	117,474.98	57,409.40	84,529.38	66,462.18	387,787.79	1,179,390.44
加:会计政策变更			-7,291.14	695.81	347.91	6,091.08	-156.34
二、本年年初余额	465,726.71	117,474.98	50,118.26	85,225.20	66,810.09	393,878.87	1,179,234.10
三、本年增减变动金额			9,580.36	19,393.41	17,279.18	55,488.40	101,741.35
(一)综合收益总额			9,580.36			193,993.00	203,573.36

续表

项目	2019年度(合并)						
	股本	资本公积	其他综合收益	盈余公积	一般风险准备	未分配利润	所有者权益合计
(二)股东投入和减少资本							0.00
1.股东投入的普通股							0.00
(三)利润分配				19,393.41	17,279.18	-138,504.60	-101,832.00
1.提取盈余公积				19,393.41		-19,393.41	0.00
2.提取风险准备					17,279.18	-17,279.18	0.00
3.对股东的分配						-101,832.00	-101,832.00
4.其他							0.00
(四)股东权益内部结转							0.00
1.资本公积转增股本							0.00
四、本年末余额	465,726.71	117,474.98	59,698.62	104,618.61	84,089.27	449,367.27	1,280,975.46

法定代表人:姚江涛　　主管会计工作的负责人:周祺　　会计机构负责人:刘燕

(三)所有者权益变动表(母公司)　　金额单位:人民币万元

项目	2020年度(母公司)						
	股本	资本公积	其他综合收益	盈余公积	一般风险准备	未分配利润	所有者权益合计
一、上年年末余额	465,726.71	117,474.98	59,698.62	104,618.61	84,089.27	449,367.27	1,280,975.46
加:会计政策变更							
二、本年年初余额	465,726.71	117,474.98	59,698.62	104,618.61	84,089.27	449,367.27	1,280,975.46
三、本年增减变动金额			-9,298.62	19,807.83	10,244.00	90,436.41	111,189.63
(一)综合收益总额			-9,298.62			198,078.32	188,779.70
(二)股东投入和减少资本							0.00
1.股东投入的普通股							0.00
(三)利润分配				19,807.83	10,244.00	-107,641.90	-77,590.07
1.提取盈余公积				19,807.83		-19,807.83	0.00
2.提取风险准备					10,244.00	-10,244.00	0.00

续表

项目	2020年度(母公司)						
	股本	资本公积	其他综合收益	盈余公积	一般风险准备	未分配利润	所有者权益合计
3.对股东的分配						-77,590.07	-77,590.07
4.其他							0.00
(四)股东权益内部结转							0.00
1.资本公积转增股本							0.00
四、本年末余额	465,726.71	117,474.98	50,400.00	124,426.44	94,333.27	539,803.69	1,392,165.09

法定代表人：姚江涛　　主管会计工作的负责人：周祺　　会计机构负责人：刘燕

(四)所有者权益变动表(母公司)　　金额单位：人民币万元

项目	2019年度(母公司)						
	股本	资本公积	其他综合收益	盈余公积	一般风险准备	未分配利润	股东权益合计
一、本年年初余额	465,726.71	117,474.98	57,232.74	84,529.38	66,462.18	388,023.33	1,179,449.32
加：会计政策变更			-7,114.48	695.81	347.91	5,914.43	-156.33
二、本年年初余额	465,726.71	117,474.98	50,118.26	85,225.20	66,810.09	393,937.76	1,179,292.99
三、本年增减变动金额			9,580.36	19,393.41	17,279.18	55,429.52	101,682.47
(一)综合收益总额			9,580.36			193,934.12	203,514.48
(二)股东投入和减少资本							0.00
1.股东投入的普通股							0.00
(三)利润分配				19,393.41	17,279.18	-138,504.60	-101,832.01
1.提取盈余公积				19,393.41		-19,393.41	0.00
2.提取风险准备					17,279.18	-17,279.18	0.00
3.对股东的分配						-101,832.00	-101,832.00
4.其他							0.00
(四)股东权益内部结转							0.00
1.资本公积转增股本							0.00
四、本年末余额	465,726.71	117,474.98	59,698.62	104,618.61	84,089.27	449,367.27	1,280,975.46

法定代表人：姚江涛　　主管会计工作的负责人：周祺　　会计机构负责人：刘燕

5.2 信托资产

5.2.1 信托项目资产负债表

表5.2.1　　金额单位:人民币万元

信托资产	2020年12月31日	信托负债和信托权益	2020年12月31日
信托资产:	—	信托负债:	—
货币资金	1,282,628.27	交易性金融负债	0.00
拆出资金	0.00	衍生金融负债	0.00
存出保证金	0.00	应付受托人报酬	18,882.21
交易性金融资产	2,247,184.09	应付托管费	1,117.44
衍生金融资产	0.00	应付受益人收益	8,962.27
买入返售金融资产	2,174,298.97	应交税费	31,575.08
应收款项	749,818.41	应付销售服务费	30,076.62
发放贷款	20,649,983.89	其他应付款项	1,032,030.19
可供出售金融资产	19,171,478.90	预计负债	—
持有至到期投资	2,081,642.61	其他负债	187.10
长期应收款	352,249.91		—
长期股权投资	10,825,168.72	信托负债合计	1,122,830.91
投资性房地产	—		—
固定资产	—	信托权益:	—
无形资产	—	实收信托	65,079,579.23
长期待摊费用	1,638.81	资本公积	120,017.15
其他资产	7,116,923.99	未分配利润	330,589.28
减:各项资产减值准备	—	信托权益合计	65,530,185.66
信托资产总计	66,653,016.57	信托负债及信托权益总计	66,653,016.57

注:实收信托合计金额是信托本金累计给付额。

5.2.2 信托项目利润及利润分配表

表5.2.2　　金额单位:人民币万元

项目	2020年度
1.营业收入	5,062,488.82
1.1利息收入	2,658,105.03
1.2投资收益(损失以"-"号填列)	2,301,552.06
1.2.1其中:对联营企业和合营企业的投资收益	0
1.3公允价值变动收益(损失以"-"号填列)	-4,862.73
1.4租赁收入	0
1.5汇兑损益(损失以"-"号填列)	0
1.6其他收入	107,694.47
2.支出	585,525.62
2.1营业税金及附加	13,601.63

续表

项目	2020年度
2.2 受托人报酬	295,761.52
2.3 托管费	19,294.34
2.4 投资管理费	1,799.50
2.5 销售服务费	85,664.71
2.6 交易费用	423.954886
2.7 资产减值损失	5,390.69
2.8 其他费用	163,589.27
3. 信托净利润(净亏损以"－"号填列)	4,476,963.20
4. 其他综合收益	-93,533.97
5. 综合收益	4,383,429.23
6.　加:期初未分配信托利润	327,975.22
7. 可供分配的信托利润	4,711,404.45
8.　减:本期已分配信托利润	4,380,815.17
9. 期末未分配信托利润	330,589.28

6. 会计报表附注

6.1　合并会计报表

根据2014年修订的《企业会计准则第33号—合并财务报表》的要求,公司将满足准则规定"控制"定义的13个结构化主体纳入合并财务报表范围。

6.2　重要会计政策和会计估计说明

6.2.1　会计期间

本公司会计期间分为年度和中期,会计中期指短于一个完整的会计年度的报告期间。本公司会计年度采用公历年度,即每年自1月1日起至12月31日止。

6.2.2　记账本位币

本公司以人民币为记账本位币。

6.2.3　记账基础和计价原则

本公司会计核算以权责发生制为基础。除某些金融工具外,本财务报表均以历史成本为计量基础。资产如果发生减值,则按照相关规定计提相应的减值准备。

6.2.4　现金及现金等价物的确定标准

本公司现金及现金等价物包括库存现金、可以随时用于支付的存款以及本公司持有的期限短(一般为从购买日起,三个月内到期)、流动性强、易于转换为已知金额的现金、价值变动风险很小的投资。

6.2.5　金融工具

(1)金融资产的分类和计量

当本公司成为金融工具合同的一方时,确认相关的金融资产或金融负债。

对于以常规方式购买或出售金融资产的,在交易日确认将收到的资产和为此将承担的负债,或者在交易日终止确认已出售的资产,同时确认处置利得或损失以及应向买方收取的应收款项。交易日,是指本公司承诺买入或卖出金融资产的日期。

于初始确认时,本公司按公允价值计量金融资产或金融负债,对于不是以公允价值计量且其变动计入损益的金融资产或金融负债,则还应该加上或减去可直接归属于获得或发行该金融资产或金融负债的交易费用。以公允价值计量且其变动计入损益的金融资产和金融负债的交易费用作为费用计入损益。

①金融资产

本公司根据管理金融资产的业务模式和金融资产的合同现金流量特征,将金融资产划分为以下三类:以摊余成本计量的金融资产;以公允价值计量且其变动计入其他综合收益的金融资产;以公允价值计量且其变动计入损益的金融资产。

业务模式反映了本公司如何管理其金融资产以产生现金流。也就是说,本公司的目标是仅为收取资产的合同现金流量,还是既以收取合同现金流量为目标又以出售金融资产为目标。如果以上两种情况都不适用(例如,以交易为目的持有金融资产),那么该组的金融资产的业务模式为"其他",并分类为以公允价值计量且其变动计入损益。本公司在确定一组金融资产业务模式时考虑的因素包括:以往如何收取该组资产的现金流、该组资产的业绩如何评估并上报给关键管理人员、风险如何评估和管理,以及业务管理人员获得报酬的方式。

如果业务模式为收取合同现金流量,或包括收取合同现金流量和出售金融资产的双重目的,本公司将评估金融工具的现金流量是否仅为对本金和利息支付。进行该评估时,本公司考虑合同现金流量是否与基本借贷安排相符，即利息仅包括货币时间价值、信用风险、其他基本借贷风险以及与基本借贷安排相符的利润率的对价。若合同条款引发了与基本借贷安排不符的风险或波动敞口，则相关金融资产分类为以公允价值计量且其变动计入损益。

本公司对债务工具和权益工具的分类要求如下：

债务工具

债务工具是指从发行方角度分析符合金融负债定义的工具，例如贷款、政府债券和公司债券等。债务工具的分类与计量取决于本公司管理该金融资产的业务模式及该金融资产的现金流量特征。

基于这些因素，本公司将其债务工具划分为以下三种计量类别：

以摊余成本计量：如果管理该金融资产的业务模式是以收取合同现金流量为目标，且该金融资产的合同条款规定，在特定日期产生的现金流量，仅为对本金和以未偿付本金金额为基础的利息的支付，同时并未指定该金融资产为以公允价值计量且其变动计入损益，那么该金融资产按照摊余成本计量。

以公允价值计量且其变动计入其他综合收益：如果管理该金融资产的业务模式既以收取合同现金流量为目标又以出售该金融资产为目标，且该金融资产的合同条款规定，在特定日期产生的现金流量，仅为对本金和以未偿付本金金额为基础的利息的支付，同时并未指定该金融资产为以公允价值计量且其变动计入损益，那么该金融资产按照以公允价值计量且其变动计入其他综合收益。

以公允价值计量且其变动计入损益：不满足以摊余成本计量的金融资产和以公允价值计量且其变动计入其他综合收益的金融资产，以公允价值计量且其变动计入损益。

在初始确认时，如果能够消除或显著减少会计错配，可以将金融资产指定为以公允价值计量且其变动计入损益的金融资产。该指定一经做出，不得撤销。

权益工具

权益工具是指从发行方角度分析符合权益定义的工具；即不包含付款的合同义务且享有发行人净资产和剩余收益的工具，例如普通股。本公司的权益工具投资以公允价值计量且其变动计入损益，但管理层已做出不可撤销指定为公允价值计量且其变动计入其他综合收益的除外。

②金融负债

金融负债于初始确认时分类为以摊余成本计量的金融负债和以公允价值计量且其变动计入损益的金融负债。以公允价值计量且其变动计入损益的金融负债适用于衍生金融负债、交易性金融负债以及初始确认时指定为以公允价值计量且其变动计入损益的其他金融负债。

初始确认时，为了提供更相关的会计信息，本公司可以将金融负债指定为以公允价值计量且其变动计入损益的金融负债，但该指定应当满足下列条件之一：能够消除或显著减少会计错配；根据正式书面文件载明的企业风险管理或投资策略，以公允价值计量为基础对金融负债组合或金融资产和金融负债组合进行管理和业绩评价，并在企业内部以此为基础向关键管理人员报告；包含一项或多项将显著改变其现金流的嵌入衍生工具的金融负债。

由于金融资产转让不符合终止确认条件或应用继续涉入法进行核算而确认的金融负债。当该转让不符合终止确认条件时，本公司根据该转让收取的对价确认金融负债，并在后续期间确认因该负债产生的所有费用；在应用继续涉入法核算时，对相关负债的计量参见附注四、8(6)金融资产的终止确认。

(2)金融资产的重分类

本公司改变其管理金融资产的业务模式时，将对所有受影响的相关金融资产进行重分类，且自重分类日起采用未来适用法进行相关会计处理，不得对以前已经确认的利得、损失(包括减值损失或利得)或利息进行追溯调整。重分类日，是指导致本公司对金融资产进行重分类的业务模式发生变更后的首个报告期间的第一天。

(3)公允价值确定方法

公允价值，是指市场参与者在计量日发生的有序交易中，出售一项资产所能收到或者转移一项负债所需支付的价格。金融工具存在活跃市场的，本公司采用活跃市场中的报价确定其公允价值。活跃市场中的报价是指易于定期从交易所、行业协会、定价服务机构等获得的价格，且代表了在有序交易中实际发生的市场交易的价格。如不能满足上述条件，则被视为非活跃市场。非活跃市场的迹象主要包括：存在显著买卖价差、买卖价差显著扩大或不存在近期交易。金融工具不存在活跃市场的，本公司采用估值技术确定其公允价值。估值技术包括参考市场参与者最近进行的有序交易中使用的价格、参照实质上相同的其他金融工具当前的公允价值、现金流量折现法、期权定价模型及其他市场参与者常用的估值技术等。在估值时，本公司采用在当前情况下适用并且有足够可利用数据和其他信息支持的估值技术，选择与市场参与者在相关资产或负债的交易中所考虑的资产或负债特征相一致的输入值。这些估值技术包括使用可观察输入值和/或不可观察输入值，并尽可能优先使用相关可观察输入值。

(4)金融工具的后续计量

金融工具的后续计量取决于其分类：

①以摊余成本计量的金融资产和金融负债

对于金融资产或金融负债的摊余成本，应当以该金融资产或金融负债的初始确认金额经下列调整后的结果确定：扣除已偿还的本金；加上或减去采用实际利率法将该初始确认金额与到期日金额之间的差额进行摊销形成的累计摊销额；扣除累计计提的损失准备(仅适用于金融资产)。

实际利率,是指将金融资产或金融负债在预计存续期的估计未来现金流量,折现为该金融资产账面余额(即,扣除损失准备之前的摊余成本)或该金融负债摊余成本所使用的利率。计算时不考虑预期信用损失,但包括交易费用、溢价或折价以及支付或收到的属于实际利率组成部分的费用。对于源生或购入已发生信用减值的金融资产,本公司根据该金融资产的摊余成本(而非账面余额)计算经信用调整的实际利率,并且在估计未来现金流量时将预期信用损失的影响纳入考虑。

本公司根据金融资产账面余额乘以实际利率计算确定利息收入并列报为"利息收入",但下列情况除外:

对于购入或源生的已发生信用减值的金融资产,自初始确认起,按照该金融资产的摊余成本和经信用调整的实际利率计算确定其利息收入;

对于购入或源生的未发生信用减值但在后续期间成为已发生信用减值的金融资产,按照该金融资产的摊余成本(即,账面余额扣除预期信用损失准备之后的净额)和实际利率计算确定其利息收入。若该金融工具在后续期间因其信用风险有所改善而不再存在信用减值,并且这一改善在客观上可与应用上述规定之后发生的某一事件相联系,应转按实际利率乘以该金融资产账面余额来计算确定利息收入。

②以公允价值计量且其变动计入其他综合收益的金融资产

债务工具

与该金融资产摊余成本相关的减值损失或利得、采用实际利率法计算的利息和汇兑损益计入当期损益。除此之外,账面价值的变动均计入其他综合收益。该金融资产终止确认时,之前计入其他综合收益的累计利得或损失应当从其他综合收益中转出,计入当期损益。

权益工具

本公司将非交易性权益工具投资指定为以公允价值计量且其变动计入其他综合收益。进行指定后,公允价值变动在其他综合收益中进行确认,且后续不得重分类至损益(包括处置时)。股利收入在本公司确定对其收取的权利成立时进行确认,并计入损益。

③以公允价值计量且其变动计入损益的金融资产

该金融资产以公允价值计量,其产生的所有利得或损失计入损益。

④以公允价值计量且其变动计入损益的金融负债

该金融负债以公允价值计量,其产生的所有利得或损失计入损益,除非是将金融负债指定为以公允价值计量且其变动计入损益的金融负债的,则该金融负债所产生的利得或损失应当按照下列规定进行处理:由本公司自身信用风险变动引起的该金融负债公允价值的变动金额,应当计入其他综合收益;该金融负债的其他公允价值变动计入损益。

被指定为以公允价值计量且其变动计入损益的金融负债终止确认时,之前计入其他综合收益的累计利得或损失应当从其他综合收益中转出,计入留存收益。

(5)金融工具的减值

对于摊余成本计量和以公允价值计量且其变动计入其他综合收益的债务工具金融资产,以及部分贷款承诺和财务担保合同,本公司结合前瞻性信息进行预期信用损失评估。

预期信用损失,是指以发生违约的风险为权重的金融工具信用损失的加权平均值。信用损失,是指本公司按照原实际利率折现的、根据合同应收的所有合同现金流量与预期收取的所有现金流量之间的差额,即全部现金短缺的现值。其中,对于本公司购买或源生的已发生信用减值的金融资产,应按照该金融资产经信用调整的实际利率折现。

本公司对预期信用损失的计量反映了以下各种要素:通过评价一系列可能的结果而确定的无偏概率加权平均金额;货币时间价值;在资产负债表日无须付出不必要的额外成本或努力即可获得的有关过去事项、当前状况以及未来经济状况预测的合理且有依据的信息。

对于纳入预期信用损失计量的金融工具,本公司评估相关金融工具的信用风险自初始确认后是否已显著增加,运用"三阶段"减值模型分别计量其损失准备、确认预期信用损失:

阶段一:自初始确认后信用风险并未显著增加的金融工具,其损失阶段划分为阶段一。

阶段二:自初始确认后信用风险显著增加,但并未将其视为已发生信用减值的金融工具,其损失阶段划分为阶段二。

阶段三:对于已发生信用减值的金融工具,其损失阶段划分为阶段三。

阶段一金融工具按照相当于该金融工具未来12个月内预期信用损失的金额计量其损失准备,阶段二和阶段三金融工具按照相当于该金融工具整个存续期内预期信用损失的金额计量其损失准备。

以公允价值计量且其变动计入其他综合收益的债务工具投资,本公司在其他综合收益中确认其损失准备,并将减值损失或利得计入当期损益,且不应减少该金融资产在资产负债表中列示的账面价值。

在前一会计期间已经按照相当于金融工具整个存续期内预期信用损失的金额计量了损失准备,但在当期资产负债表日,该金融工具已不再属于自初始确认后信用风险显著增加的情形的,本公司在当期资产负债表日按照相当于未来12个月内预期信用损失的金额计量该金融工具的损失准备,由此形成的损失准备的转回金额作为减值利得计入当期损益;但购买或源生的已发生信用减值的金融资产除外。对于购买或源生的已发生信用减值的金融资产,本公司在当期资产负债日仅将自初始确认后整个存续期内预期信用损失的累计变动确认为损失准备。

(6)金融资产的终止确认

满足下列条件之一的金融资产,予以终止确认:①收取该金融资产现金流量的合同权利终止;②该金融资产已转移,且将金融资产所有权上几乎所有的风险和报酬转移给转入方;③该金融资产已转移,虽然本公司既没有转移也没有保留金融资产所有权上几乎所有的风险和报酬,但是放弃了对该金融资产的控制。

该金融资产已转移,若本公司既没有转移也没有保留金融资产所有权上几乎所有的风险和报酬,且并未放弃对该金融资产的控制,则按照继续涉入所转移金融资产的程度确认有关金融资产,并确认相应的负债。

金融资产终止确认时,将所转移金融资产的账面价值及因转移而收到的对价与原计入其他综合收益的公允价值变动累计额之和的差额计入当期损益。

(7)金融负债的终止确认

金融负债的现时义务已经全部或部分得以履行、取消或到期的,终止确认该金融负债或义务已解除部分。本公司(债务人)与债权人之间签订协议,以承担新金融负债方式替换现存金融负债,且新金融负债与现存金融负债的合同条款实质上不同的,终止确认现存金融负债,并同时确认新金融负债。

金融负债终止确认的,将终止确认金融负债的账面价值与支付的对价(包括转出的非现金资产或承担的新金融负债)之间的差额,计入当期损益。

(8)金融资产和金融负债的抵消

当本公司具有抵销已确认金融资产和金融负债的法定权利,且目前可执行该种法定权利,同时本公司计划以净额结算或同时变现该金融资产和清偿该金融负债时,金融资产和金融负债以相互抵销后的金额在资产负债表内列示。除此以外,金融资产和金融负债在资产负债表内分别列示,不予相互抵销。抵销权应当不取决于未来事项,而且在本公司和所有交易对手方的正常经营过程中,或在出现违约、无力偿债或破产等各种情形下,本公司均可执行该法定权利。

6.2.6 公允价值计量

公允价值是市场参与者在计量日发生的有序交易中,出售资产所能收到或者转移一项负债所需支付的价格。无论公允价值是可观察到的还是采用估值技术估计的,在本财务报表中计量和/或披露的公允价值均在此基础上予以确定。

(1)公允价值计量的资产和负债

本公司本年末采用公允价值计量的资产主要包括交易性金融资产、债权投资、其他债权投资、其他权益工具投资。

(2)估值技术

本公司以公允价值计量相关资产或负债时,采用在当前情况下适用并且有足够可利用数据和其他信息支持的估值技术。使用的估值技术主要包括市场法、收益法和成本法。本公司使用其中一种或多种估值技术相一致的方法计量公允价值,充分考虑各估值结果的合理性,选取在当前情况下最能代表公允价值的金额作为公允价值。

公允价值计量基于输入值的可观察程度以及该等输入值对公允价值计量整体的重要性,被划分为三个层次:

第一层次输入值是在计量日能够取得的相同资产或负债在活跃市场上未经调整的报价。活跃市场,是指相关资产或负债的交易量和交易频率足以持续提供定价信息的市场。第二层次输入值是除第一层次输入值外相关资产或负债直接或间接可观察的输入值。第二层次输入值包括:①活跃市场中类似资产或负债的报价。②非活跃市场中相同或类似资产或负债的报价。③除报价以外的其他可观察输入值,包括在正常报价间隔期间可观察的利率、收益率曲线、隐含波动率、信用利差等。④市场验证的输入值。第三层次输入值是不可观察输入值,本公司只有在相关资产或负债不存在市场活动或者市场活动很少导致相关可观察输入值无法取得或取得不切实可行的情况下,才使用第三层次输入值。

本公司在以公允价值计量资产和负债时,首先使用第一层次输入值,其次使用第二层次输入值,最后使用第三层次输入值。

(3)会计处理方法

本公司以公允价值计量相关资产或负债、公允价值变动应当计入当期损益还是其他综合收益等会计处理问题,由要求或允许本公司采用公允价值进行计量或披露的其他相关会计准则规范,参见本附注四中其他部分相关内容。

6.2.7 固定资产

(1)固定资产的确认条件

本公司固定资产是指为提供劳务、出租或经营管理而持有的,使用寿命超过一个会计年度的有形资产。

与该固定资产有关的经济利益很可能流入企业,并且该固定资产的成本能够可靠地计量时,固定资产才能予以确认。

本公司固定资产按照取得时的实际成本进行初始计量。

(2)固定资产分类及折旧政策

本公司采用年限平均法计提折旧。固定资产自达到预定可使用状态时开始计提折旧,终止确认时或划分为持有待售非流动资产时停止计提折旧。在不考虑减值准备的情况下,按固定资产类别、预计使用寿命和预计残值,本公司确定各类固定资产的年折旧率如下:

固定资产类别	使用年限	残值率(%)	年折旧率(%)
房屋及建筑物	20年	3	4.85
运输工具	4年	3	24.25
电子设备	3年	3	32.33
办公设备	5年	3	19.40

其中,已计提减值准备的固定资产,还应扣除已计提的固定资产减值准备累计金额计算确定折旧率。

(3)融资租入固定资产的认定依据、计价方法

当本公司租入的固定资产符合下列一项或数项标准时,确认为融资租入固定资产:

①在租赁期届满时,租赁资产的所有权转移给本公司。

②本公司有购买租赁资产的选择权,所订立的购买价款预计将远低于行使选择权时租赁资产的公允价值,因而在租赁开始日就可以合理确定本公司将会行使这种选择权。

③即使资产的所有权不转移,但租赁期占租赁资产使用寿命的大部分。

④本公司在租赁开始日的最低租赁付款额现值,几乎相当于租赁开始日租赁资产公允价值。

⑤租赁资产性质特殊,如果不作较大改造,只有本公司才能使用。

融资租赁租入的固定资产,按租赁开始日租赁资产公允价值与最低租赁付款额的现值两者中较低者,作为入账价值。最低租赁付款额作为长期应付款的入账价值,其差额作为未确认融资费用。在租赁谈判和签订租赁合同过程中发生的,可归属于租赁项目的手续费、律师费、差旅费、印花税等初始直接费用,计入租入资产价值。未确认融资费用在租赁期内各个期间采用实际利率法进行分摊。

融资租入的固定资产采用与自有固定资产一致的政策计提租赁资产折旧。能够合理确定租赁期届满时将会取得租赁资产所有权的,在租赁资产尚可使用年限内计提折旧;无法合理确定租赁期届满时能够取得租赁资产所有权的,在租赁期与租赁资产尚可使用年限两者中较短的期间内计提折旧。

(5)每年年度终了,本公司对固定资产的使用寿命、预计净残值和折旧方法进行复核

使用寿命预计数与原先估计数有差异的,调整固定资产使用寿命;预计净残值预计数与原先估计数有差异的,调整预计净残值。

(6)大修理费用

本公司对固定资产进行定期检查发生的大修理费用,有确凿证据表明符合固定资产确认条件的部分,计入固定资产成本,不符合固定资产确认条件的计入当期损益。固定资产在定期大修理间隔期间,照提折旧。

6.2.8　无形资产

本公司无形资产主要为软件等。

本公司无形资产按照成本进行初始计量,并于取得无形资产时分析判断其使用寿命。使用寿命为有限的,自无形资产可供使用时起,采用能反映与该资产有关的经济利益的预期实现方式的摊销方法,在预计使用年限内摊销;无法可靠确定预期实现方式的,采用直线法摊销;使用寿命不确定的无形资产,不作摊销。

使用寿命有限的无形资产摊销方法如下:

类别	使用寿命	摊销方法
软件	5年	直线法

本公司于每年年度终了,对使用寿命有限的无形资产的使用寿命及摊销方法进行复核,与以前估计不同的,调整原先估计数,并按会计估计变更处理。

资产负债表日,预计某项无形资产已经不能给企业带来未来经济利益的,将该项无形资产的账面价值全部转入当期损益。

6.2.9　长期待摊费用

本公司长期待摊费用包括:租入固定资产的改良支出及装修改造等。

本公司发生的长期待摊费用按实际成本计价,并按预计受益期限平均摊销,对不能使以后会计期间受益的长期待摊费用项目,在确定时将该项目的摊余价值全部计入当期损益。

6.2.10　资产减值

本公司对采用成本模式进行后续计量的固定资产、无形资产等(递延所得税资产、金融资产除外)的资产减值,按以下方法确定:

本公司于资产负债表日判断资产是否存在可能发生减值的迹象,存在减值迹象的,本公司将估计其可收回金额,进行减值测试。对因企业合并所形成的商誉、使用寿命不确定的无形资产和尚未达到可使用状态的无形资产无论是否存在减值迹象,每年都进行减值测试。

可收回金额根据资产的公允价值减去处置费用后的净额与资产预计未来现金流量的现值两者之间较高者确定。本公司以单项资产为基础估计其可收回金额;难以对单项资产的可收回金额进行估计的,以该资产所属的资产组为基础确定资产组的可收回金额。资产组的认定,以资产组产生的主要现金流入是否独立于其他资产或者资产组的现金流入为依据。

当资产或资产组的可收回金额低于其账面价值时,本公司将其账面价值减记至可收回金额,减记的金额计入当期损益,同时计提相应的资产减值准备。

资产减值损失一经确认,在以后会计期间不再转回。

6.2.11　职工薪酬

(1)职工薪酬的范围

职工薪酬,是指企业为获得职工提供的服务或解除劳动关系而给予的各种形式的报酬或补偿。职工薪酬包括短期薪酬、离职后福利、辞退福利和其他长期职工福利。企业提供给职工配偶、子女、受赡养人、已故员工遗属及其他受益人等的福利,也属于职工薪酬。

(2)短期薪酬

本公司在职工提供服务的会计期间,将实际发生的职工工资、奖金、按规定的基准和比例为职工缴纳的医疗保险费、工伤保险费和生育保险费等社会保险费和住房

公积金，确认为负债，并计入当期损益或相关资产成本。如果该负债预期在职工提供相关服务的年度报告期结束后十二个月内不能完全支付，且财务影响重大的，则该负债将以折现后的金额计量。

（3）离职后福利

离职后福利计划包括设定提存计划和设定受益计划。其中，设定提存计划，是指向独立的基金缴存固定费用后，企业不再承担进一步支付义务的离职后福利计划；设定受益计划，是指除设定提存计划以外的离职后福利计划。

设定提存计划包括基本养老保险、失业保险以及企业年金计划等。在职工提供服务的会计期间，根据设定提存计划计算的应缴存金额确认为负债，并计入当期损益或相关资产成本。

本公司暂无设定受益计划。

（4）辞退福利

本公司向职工提供辞退福利的，在下列两者孰早日确认辞退福利产生的职工薪酬负债，并计入当期损益：本公司不能单方面撤回因解除劳动关系计划或裁减建议所提供的辞退福利时；本公司确认与涉及支付辞退福利的重组相关的成本或费用时。

实行职工内部退休计划的，在正式退休日之前的经济补偿，属于辞退福利，自职工停止提供服务日至正常退休日期间，拟支付的内退职工工资和缴纳的社会保险费等一次性计入当期损益。正式退休日期之后的经济补偿（如正常养老退休金），按照离职后福利处理。

（5）其他长期福利

本公司向职工提供的其他长期职工福利，符合设定提存计划条件的，按照上述关于设定提存计划的有关规定进行处理。

6.2.12 预计负债

如果与或有事项相关的义务同时符合以下条件，本公司将其确认为预计负债：

（1）该义务是本公司承担的现时义务；

（2）该义务的履行很可能导致经济利益流出本公司；

（3）该义务的金额能够可靠地计量。

预计负债按照履行相关现时义务所需支出的最佳估计数进行初始计量，并综合考虑与或有事项有关的风险、不确定性和货币时间价值等因素。货币时间价值影响重大的，通过对相关未来现金流出进行折现后确定最佳估计数。本公司于资产负债表日对预计负债的账面价值进行复核，并对账面价值进行调整以反映当前最佳估计数。如果清偿已确认预计负债所需支出全部或部分预期由第三方或其他方补偿，则补偿金额只能在基本确定能收到时，作为资产单独确认。确认的补偿金额不超过所确认负债的账面价值。

6.2.13 风险准备

（1）风险准备的内容

本公司风险准备包括信托赔偿准备和一般风险准备。

（2）信托赔偿准备

信托赔偿准备是指从净利润中提取的，用于赔偿信托业务损失的风险准备。本公司按不低于净利润的5%计提信托赔偿准备，但该赔偿准备累计总额达到本公司注册资本的20%时，本公司可不再提取信托赔偿准备金。

（3）一般风险准备

一般风险准备是从净利润中计提的、用于部分弥补尚未识别的可能性损失的准备金。本公司运用动态拨备原理，采用标准法对风险资产所面临的风险状况定量分析，确定潜在风险估计值。计算风险资产的潜在风险估计值后，对于潜在风险估计值高于资产减值准备的，扣减已计提的资产减值准备，计提一般风险准备。当潜在风险估计值低于资产减值准备时，不计提一般风险准备。

本公司每年年度终了对承担风险和损失的资产计提一般风险准备，具体包括交易性金融资产、发放贷款和垫款、债权投资、其他权益工具投资、长期股权投资、存放同业、拆出资金、抵债资产、应收款项等，一般准备余额原则上不得低于风险资产期末余额的1.5%。

本公司采用标准法确定潜在风险估计值，按潜在风险估计值与资产减值准备的差额，对风险资产计提一般准备。其中：信贷资产根据金融监管部门的有关规定进行风险分类，标准风险系数暂定为：正常类1.5%，关注类3%，次级类30%，可疑类60%，损失类100%；对于其他风险资产参照信贷资产进行风险分类，采用的标准风险系数同上述信贷资产标准风险系数。

标准法潜在风险估计值计算公式：

潜在风险估计值 = 正常类风险资产 × 1.5% + 关注类风险资产 × 3% + 次级类风险资产 × 30% + 可疑类风险资产 × 60% + 损失类风险资产 × 100%

财政部将根据宏观经济形势变化，参考金融企业不良贷款额、不良贷款率、不良贷款拨备覆盖率、贷款拨备率、贷款总拨备率等情况，适时调整计提一般风险准备的风险资产范围、标准风险系数、一般风险准备占风险资产的比例要求。本公司将根据财政部的要求适时进行相应调整。

一般风险准备计提不足的，原则上不得进行税后利润分配。一般风险准备经本公司董事会、股东大会审批通过，并报经同级财政部门备案后，可用一般准备弥补亏损，但不得用于分红。因特殊原因，经董事会、股东大会审批通过，并报经同级财政部门备案后，可将一般准备转为未分配利润。

6.2.14 收入确认

收入是本公司在开展日常业务活动过程中所取得的各项收入，主要包括：利息收入、手续费及佣金收入、投资收益及其他业务收入等。

在相关的经济利益能够流入及收入的金额能够可靠地计量时，本公司确认收入。

(1)利息收入

本公司利息收入主要为贷款利息收入、金融企业往来存款利息收入及拆借利息收入。

贷款利息收入是指公司发放自营贷款,按期计提利息所确认的收入。贷款利息收入按照实际利率法确认。实际利率与合同利率差异较小的,也可按合同利率计算。实际利率法,是指按照金融资产或金融负债的实际利率计算其摊余成本及各期利息收入或利息支出的方法。实际利率,是指将金融资产或金融负债在预期存续期间或适用的更短期间内的未来现金流量,折现为该金融资产或金融负债当前账面价值所使用的利率。在确定实际利率时,本公司在考虑金融资产或金融负债所有合同条款的基础上预计未来现金流量,但不考虑未来信用损失。本公司支付或收取的、属于实际利率组成部分的各项收费、交易费用及溢价或折价等,在确定实际利率时予以考虑。

金融企业往来存款利息收入在收到存款银行结息通知单时确认存款利息收入。拆借利息收入按让渡资金使用权的时间和适用利率计算确定。

金融资产发生减值后,利息收入应当按照确定减值损失时对未来现金流量进行折现采用的折现率作为利率计算确认。

(2)手续费及佣金收入

本公司手续费及佣金收入主要为信托报酬收入、咨询业务收入等。手续费及佣金收入按权责发生制原则在服务已提供、风险和报酬已转移时,根据合同或协议价格的公允价值合理估算进行确认。

①信托报酬收入:信托报酬收入主要包括佣金收入,信托报酬收入依据信托文件规定或信托合同约定的计提方法和计提标准计算确认,在整个信托存续期间按权责发生制原则平均分摊并由信托项目承担,其中:佣金收入按照信托产品集中的信托资金比例计算并在提供相关服务时确认。

②咨询业务收入:咨询业务收入在提供咨询服务的结果能够可靠估计的情况下,按合同或协议约定合理确认。

(3)其他服务收入

其他服务收入在相关的经济利益能够流入及提供服务的结果能够可靠地计量时,按合同或协议约定确认收入。

6.2.15　递延所得税资产及递延所得税负债

递延所得税资产和递延所得税负债根据资产和负债的计税基础与其账面价值的差额(暂时性差异)计算确认。对于按照税法规定能够于以后年度抵减应纳税所得额的可抵扣亏损,确认相应的递延所得税资产。对于商誉的初始确认产生的暂时性差异,不确认相应的递延所得税负债。对于既不影响会计利润也不影响应纳税所得额(或可抵扣亏损)的非企业合并的交易中产生的资产或负债的初始确认形成的暂时性差异,不确认相应的递延所得税资产和递延所得税负债。于资产负债表日,递延所得税资产和递延所得税负债,按照预期收回该资产或清偿该负债期间的适用税率计量。

对与子公司、联营企业及合营企业投资相关的应纳税暂时性差异,确认递延所得税负债,除非本公司能够控制该暂时性差异转回的时间且该暂时性差异在可预见的未来很可能不会转回。对与子公司、联营企业及合营企业投资相关的可抵扣暂时性差异,当该暂时性差异在可预见的未来很可能转回且未来很可能获得用来抵扣可抵扣暂时性差异的应纳税所得额时,确认递延所得税资产。

递延所得税资产的确认以很可能取得用来抵扣可抵扣暂时性差异、可抵扣亏损和税款抵减的应纳税所得额为限。于资产负债表日,对递延所得税资产的账面价值进行复核,如果未来很可能无法获得足够的应纳税所得额用以抵扣递延所得税资产的利益,则减记递延所得税资产的账面价值。在很可能获得足够的应纳税所得额时,减记的金额予以转回。

同时满足下列条件的递延所得税资产和递延所得税负债以抵销后的净额列示:

A,递延所得税资产和递延所得税负债与同一税收征管部门对本公司内同一纳税主体征收的所得税相关;

B,本公司内该纳税主体拥有以净额结算当期所得税资产及当期所得税负债的法定权利。

6.2.16　重大会计判断和估计

在执行本公司会计政策的过程中,管理层会对未来不确定事项对财务报表的影响作出判断及假设。管理层在资产负债表日就主要未来不确定事项作出下列的判断及主要假设,可能导致下个会计期间的资产负债的账面价值作出重大调整。

(1)金融资产的分类

本公司在确定金融资产的分类时涉及的重大判断包括业务模式及合同现金流量特征的分析等。本公司在金融资产组合的层次上确定管理金融资产的业务模式,考虑的因素包括评价和向关键管理人员报告金融资产业绩的方式、影响金融资产业绩的风险及其管理方式以及相关业务管理人员获得报酬的方式等。

本公司在评估金融资产的合同现金流量是否与基本借贷安排相一致时,存在以下主要判断:本金是否可能因提前还款等原因导致在存续期内的时间分布或者金额发生变动;利息是否仅包括货币时间价值、信用风险、其他基本借贷风险以及与成本和利润的对价。例如,提前偿付的金额是否仅反映了尚未支付的本金及以未偿付本金为基础的利息,以及因提前终止合同而支付的合理补偿。

(2)预期信用损失的计量

对于以摊余成本计量和以公允价值计量且其变动计入其他综合收益的债务工具投资,其预期信用损失的计量中使用了复杂的模型和大量的假设。这些模型和假设涉及未来的宏观经济情况和客户的信用行为(例如,客户违约的可能性及相应损失)。

(3)金融工具的公允价值

对于缺乏活跃市场的金融工具,本公司运用估值方法确定其公允价值。估值方法包括参照在市场中具有完全信息且有买卖意愿的经济主体之间进行公平交易时确定的交易价格,参考市场上另一类似金融工具的公允价值,或运用现金流量折现分析及期权定价模型进行估算。估值方法在最大程度上利用可观察市场信息,然而,当可观察市场信息无法获得时,管理层将对估值方法中包括的重大不可观察信息作出估计。

(4)所得税

本公司需要对某些交易未来的税务处理作出判断以确认所得税。本公司根据有关税收法规,谨慎判断交易对应的所得税影响并相应地计提所得税。递延所得税资产只会在有可能有未来应纳税利润并可用作抵销有关暂时性差异时才可确认。对此需要就某些交易的税务处理作出重大判断,并需要就是否有足够的未来应纳税利润以抵销递延所得税资产的可能性作出重大的估计。

(5)结构化主体的合并

当本公司作为结构化主体中的资产管理人或做为投资人时,本公司需要就是否控制该结构化主体并将其纳入合并范围做出重大判断。本公司评估了交易结构下的合同权利和义务以及对结构化主体的权力,分析和测试了结构化主体的可变回报,包括但不限于作为资产管理者获得的手续费收入及资产管理费、留存的剩余收益,以及是否对结构化主体提供了流动性支持或其他支持。此外,本公司在结构化主体交易中所担任主要责任人还是代理人的角色进行了判断,包括分析和评估了对结构化主体决策权的范围、提供资产管理服务而获得的报酬水平、因持有结构化主体中的其他权益所承担可变回报的风险以及其他参与方持有的实质性权利。

6.2.17 信托财产

根据《中华人民共和国信托法》《信托公司管理办法》等规定,信托财产与属于受托人所有的财产(即"固有财产")相区别,不得归入受托人的固有财产或者成为固有财产的一部分。

本公司信托财产是指因承诺信托而取得的财产,对于因信托财产的管理、运用、处分或者其他情形而取得的财产,也归入信托财产。

信托财产不属于本公司的固有资产,也不属于本公司对受益人的负债。本公司终止时,信托财产不属于清算资产。

本公司对信托财产和固有财产分别管理、分别记账,并将不同委托人的信托财产分别管理、分别记账。

本公司的信托项目是指根据信托文件的约定,单独或者集合管理、运用、处分信托财产的基本单位,本公司以每个信托项目作为独立的会计核算主体,独立核算信托财产的管理、运用和处分情况。各信托项目分别记账、独立核算并编制财务报表。

对于信托财务报表,根据2014年修订的《企业会计准则第33号—合并财务报表》的要求,本公司将管理人为本公司、且本公司以自有资金参与投资并满足准则规定"控制"定义的信托项目财务报表纳入合并财务报表范围,将不满足合并财务报表范围条件的信托项目财务报表不纳入合并合并范围。

6.3 重要会计政策变更

执行新收入准则导致的会计政策变更

财政部于2017年7月5日发布了《企业会计准则第14号——收入(2017年修订)》(财会〔2017〕22号)(以下简称"新收入准则")。本公司于2020年1月1日起开始执行前述新收入准则。

新收入准则为规范与客户之间的合同产生的收入建立了新的收入确认模型。为执行新收入准则,本公司重新评估主要合同收入的确认和计量、核算和列报等方面。

执行新收入准则的主要变化和影响:本公司将因提供资产管理服务而预先收取客户的合同对价从"预收账款"项目变更为"合同负债"项目列报。

6.4 或有事项说明及重要资产转让及其出售的说明

截至报告期末,本公司无须要披露的重大或有事项,本公司报告期内未发生重要资产转让及出售事项。

6.5 会计报表中重要项目的明细资料

6.5.1 自营资产经营情况

6.5.1.1 信用风险资产五级分类情况

金额单位:人民币万元

信用资产五级分类	正常类	关注类	次级类	可疑类	损失类	信用风险资产合计	不良资产合计	不良率
期初数	1,331,447.17	273,061.92	16,328.00	—	—	1,620,837.09	16,328.00	1.01%
期末数	1,458,669.70	170,433.66	12,142.00	—	—	1,641,245.36	12,142.00	0.74%

不良资产合计 = 次级类 + 可疑类 + 损失类

6.5.1.2　资产减值准备情况

金额单位:人民币万元

项目	期初数	本期计提	本期转回	本期核销	期末数
贷款损失准备	637.50	662.50		950.00	350.00
一般准备	637.50	662.50		950.00	350.00
专项准备					
其他资产减值准备	2,959.02	6,104.55			9,063.57
持有至到期投资减值准备					
长期股权投资减值准备					
坏账准备	2,959.02	6,104.55			9,063.57
投资性房地产减值准备					

6.5.1.3　固有股票投资、基金投资、债券投资、长期投资等投资情况

金额单位:人民币万元

	自营股票	基金	债券	长期投资	其他投资	合计
期初数	—	—	—	328,582.22	1,060,642.57	1,389,224.79
期末数	—	—	1,000.00	317,398.94	984,557.45	1,302,956.39

6.5.1.4　长期投资的前五名

金额单位:人民币万元

企业名称	占被投资企业权益的比例	主要经营活动	投资收益
中国信托业保障基金有限责任公司	8.70%	保障基金管理	5,500.00
天风证券股份有限公司	3.00%	证券服务	120.00
南昌农村商业银行股份有限公司	4.42%	银行服务	1,364.16
新余农村商业银行股份有限公司	4.42%	银行服务	693.13
中国信托登记有限责任公司	3.33%	信托登记	—

6.5.1.5　固有贷款项目

金额单位:人民币万元

企业名称	占贷款总额的比例	还款情况
爱康健康科技集团有限公司	71.43%	正常
湖南棕榈浔龙河生态城镇发展有限公司	28.57%	正常

6.5.1.6　表外业务的期初数、期末数

报告期内,本公司未开展除信托业务以外的表外业务及担保、代理等其他业务。

6.5.1.7　公司当年的收入结构

金额单位:人民币万元

收入结构	合并		母公司	
	金额	占比	金额	占比
手续费及佣金收入	382,856.35	100.41	382,856.35	100.51

续表

收入结构	合并		母公司	
	金额	占比	金额	占比
其中:信托手续费收入	382,856.35	100.41	382,856.35	100.51
投资银行业务收入		0.00		0.00
利息收入	2,327.94	0.61	2,321.31	0.61
其他业务收入	121.31	0.03	121.31	0.03
投资收益	69,733.94	18.29	66,485.84	17.45
其中:股权投资收益	9,122.36	2.39	9,122.36	2.39
证券投资收益	3,560.89	0.94	3,560.89	0.93
其他投资收益	57,050.69	14.96	53,802.59	14.13
公允价值变动收益	-73,742.71	-19.34	-70,877.74	-18.60
汇兑收益	-2.68	0.00	-2.68	0.00
资产处置收益	1.54	0.00	1.54	0.00
收入合计	381,295.69	100.00	380,905.93	100.00

6.5.2 披露信托资产管理情况

6.5.2.1 信托资产的期初数、期末数对比分析

金额单位:人民币万元

信托资产	2020年12月31日	2019年12月31日	增减变动额	增减幅度(%)
集合	47,110,320.61	44,371,336.73	2,738,983.88	6.17
单一	15,276,538.70	20,591,127.36	-5,314,588.66	-25.81
财产权	4,266,157.26	1,616,728.76	2,649,428.50	163.88
合计	66,653,016.57	66,579,192.85	73,823.72	0.11

6.5.2.1.1 主动管理型信托业务的信托资产期初数、期末数对比分析

金额单位:人民币万元

主动管理型信托资产	2020年12月31日	2019年12月31日	增减变动额	增减幅度(%)
投资类	37,874,623.04	27,028,821.77	10,845,801.27	40.13
融资类	16,219,460.19	19,859,161.28	-3,639,701.09	-18.33
事务管理类	—	—	—	—
合计	54,094,083.23	46,887,983.05	7,206,100.18	15.37

6.5.2.1.2 被动管理型信托业务的信托资产期初数、期末数对比分析

金额单位:人民币万元

被动管理型信托资产	2020年12月31日	2019年12月31日	增减变动额	增减幅度(%)
投资类	—	—	—	—
融资类	—	—	—	—
事务管理类	12,558,933.34	19,691,209.80	-7,132,276.46	-36.22
合计	12,558,933.34	19,691,209.80	-7,132,276.46	-36.22

6.5.2.2 本年已清算结束的信托项目情况

6.5.2.2.1 本年度已清算结束的集合类、单一类资金信托项目和财产管理类信托项目情况

已清算结束信托项目	项目个数	实收信托合计金额（人民币万元）	加权平均实际年化收益率(%)
集合	247	14,481,688.42	6.86
单一	273	7,828,610.05	6.57
财产权	20	1,502,726.94	5.58

6.5.2.2.2 本年度已清算结束的主动管理型信托项目情况

已清算结束信托项目	项目个数	实收信托合计金额（人民币万元）	加权平均实际年化报酬(%)	加权平均实际年化收益率(%)
投资类	158	5,677,266.63	0.55	6.72
融资类	149	7,847,273.00	1.3	7.57
事务管理类	—	—	—	—

6.5.2.2.3 本年度已清算结束的被动管理型信托项目情况

已清算结束信托项目	项目个数	实收信托合计金额（人民币万元）	加权平均实际年化报酬(%)	加权平均实际年化收益率(%)
投资类	—	—	—	—
融资类	—	—	—	—
事务管理类	233	10,288,485.78	0.19	5.98

6.5.2.3 本年度新增的集合类、单一类资金信托项目和财产管理类信托项目情况

新增信托项目	项目个数	实收信托合计金额(人民币万元)
集合	391	12,562,312.49
单一	356	2,295,661.61
财产权	56	3,825,676.69
合计	803	18,683,650.79
其中:主动管理型	602	17,876,926.63
被动管理型	201	806,724.16

6.5.2.4 信托业务创新成果和特色业务有关情况(略)

6.5.2.5 本公司履行受托人义务情况及因公司自身责任而导致的信托资产损失情况:报告期内,未发生因公司自身责任导致信托资产损失及赔付等情况

6.5.2.6 信托赔偿准备的提取、使用和管理情况

公司从2020年税后利润中提取5%的信托赔偿准备金9,903.92万元,累计提取62,213.22万元。报告期内公司未使用信托赔偿准备金。

6.6 关联方及其交易的披露

6.6.1 关联交易方的数量、关联交易的总金额及关联交易的定价原则等

固有业务关联方情况

	关联交易数量	关联交易金额（人民币万元）	定价政策
合计	10	3,379.20	按市场价格交易，或按公允原则，以不优于对非关联方同类交易的条件定价

信托业务关联方情况

	关联交易数量	关联交易金额（人民币万元）	定价政策
合计	4	155,114.86	按市场价格交易，或按公允原则，以不优于对非关联方同类交易的条件定价

6.6.1 关联交易方与本公司的关系性质、关联交易方的名称、法定代表人、注册地址、注册资本及主营业务等

关系性质	关联方名称	法定代表人	注册地址	注册资本（人民币万元）	主营业务
母公司	中航投资控股有限公司	姚江涛	北京市朝阳区望京东园四区2号中航资本大厦42层4218室	1,202,152.68	实业投资；股权投资；投资咨询等
同一实际控制人	深圳市中航城商业发展有限公司	朱俊春	深圳市福田区华强北街道华航社区华富路1006号航都大厦3B－2	38,000.00	自有物业租赁、物业管理等
同一实际控制人	中航物业管理有限公司	石正林	深圳市福田区华强北街道华航社区振华路163号飞亚达大厦A座801	5,000.00	物业管理、房地产经纪、自有房屋租赁等
同一实际控制人	南京中航工业科技城发展有限公司	董文强	南京市秦淮区中山东路518号	96,000.00	航空科技产品研发、技术服务、咨询、风险投资、科技成果转让、房屋租赁、物业管理、房地产开发经营等
同一实际控制人	南京中航金城物业管理有限公司	董文强	南京市秦淮区龙蟠中路216号－2	600.00	物业管理；酒店管理；房产经纪；家政服务；停车场管理服务；会务服务等

续表

关系性质	关联方名称	法定代表人	注册地址	注册资本（人民币万元）	主营业务
同一实际控制人	上海鲸甲资产管理有限公司	罗青岩	中国（上海）自由贸易试验区临港新片区新杨公路1800弄1号2幢2908室	1,000.00	资产管理，投资管理，实业投资、投资咨询等
同一实际控制人	中航出版传媒有限责任公司	刘柱	北京市朝阳区京顺路5号7号楼四层C406室	4,877.90	出版发行《国际航空》《航空维修与工程》《航空财会》等航空学科的图书和音像制品
同一实际控制人	中国航空技术厦门有限公司	董海	厦门市思明区环岛东路1801号中航紫金广场40层、41层	55,000.00	其他技术推广服务、经营各类商品和技术的进出口、自有房地产经营活动等
同一实际控制人	中航航空产业投资有限公司	余萌	北京市朝阳区望京东园四区2号中航资本大厦42层4220室	190,000.00	项目投资；投资咨询
同一实际控制人	中航投资大厦置业有限公司	杨建	北京市朝阳区望京东园四区2号中航资本大厦4层401室	110,000.00	物业管理、房地产开发、项目投资、投资管理、投资咨询等

6.6.2 公司与关联方的重大交易事项

6.6.2.1 固有财产与关联方：贷款、投资、租赁、应收账款、担保、其他方式等期初汇总数、本期发生额汇总数、期末汇总数

金额单位：人民币万元

	期初数	借方发生额	贷方发生额	期末数
贷款	—	—	—	—
投资	—	—	—	—
租赁	—	2,470.54	2,470.54	—
担保	—	—	—	—
其他应收款		—	—	
其他	—	908.66	908.66	—
合计	—	3,379.20	3,379.20	—

注：固有财产与关联方关联交易主要是咨询费和业务收入。

6.6.2.2 信托与关联方交易情况

金额单位:人民币万元

	期初数	借方发生额	贷方发生额	期末数
贷款	298,456.00	44,800.00	245,924.64	97,331.36
投资	43,290.25	—	43,290.25	—
租赁	—	—	—	—
担保	—	—	—	—
其他应收款		—	—	
其他	68,009.84	—	10,226.34	57,783.50
合计	409,756.09	44,800.00	299,441.23	155,114.86

6.6.2.3 固有财产和信托财产之间的交易金额期初汇总数、本期发生额汇总数、期末汇总数。

固有财产与信托财产相互交易 金额单位:人民币万元

项目	期初数	本期发生额	期末数
合计	1,056,960.65	-173,411.92	883,548.73

6.6.3 关联方逾期未偿还本公司资金的详细情况以及本公司为关联方担保发生或即将发生垫款的情况:

报告期内本公司无关联方逾期未偿还本公司资金的情况,没有为关联方提供担保。

6.7 会计制度的披露

公司固有业务、信托业务均按照财政部于2006年2月15日及以后期间颁布的《企业会计准则——基本准则》、各项具体会计准则及相关规定编制。

7. 财务情况说明书

7.1 利润实现和分配情况

公司2020年初未分配利润449,367.27万元,2020年实现净利润198,078.32万元,计提法定盈余公积金19,807.83万元,计提信托赔偿准备9,903.92万元,计提一般准备340.08万元,分配现金股利77,590.07万元。截至2020年12月31日,公司未分配利润为539,803.69万元。

7.2 主要财务指标

指标名称	合并	母公司	计算公式
净资产收益率	14.82%	14.82%	净利润/所有者权益平均数*100%
信托报酬率	0.66%		[∑项目合同总收入(信托报酬+财务顾问收入)/信托项目总月份*12]/信托资产总规模
人均利润(人民币万元)	579.75	579.75	利润总额/年平均人数

7.3 对本公司财务状况、经营成果有重大影响的其他事项

报告期内无。

8. 特别事项揭示(略)